方集出版社

蔡宏進——

著

臺灣社會的觀察與人生感悟

On Observing Taiwan Society and Realizing Past Life

社會觀察與人生感悟是為人處事的兩要項：

人由觀察社會而了解社會，進而從社會取用資源，並知所服務社會；

由感悟人生而知適當應對人生，與愛惜人生。

自序　臺灣社會的觀察與人生感悟

　　世界上每個人每日都在社會中過生活，有知覺肯用腦的人都會觀察所處的社會以及感悟人生。社會觀察與人生感悟是為人處事的兩要項，人由觀察社會而了解社會，進而知所服務社會並從社會取得資源，由感悟人生而知適當應對人生與愛惜人生。這兩要項也是相通的，社會觀察的結果加深對人生的感悟，人生感悟的內容也必包含社會觀察的心得。本書內容是我在人生晚年對我們的社會所作的一些觀察，以及對我所過人生的一些感悟，可當為記錄與檢討之用。社會上人人所處的大環境相當一致，但小環境與所過的每日生活方式與內容會有不同，因此我的觀察與感悟與讀者大家的可能有相通之處，也有不同處。但願相通之處可供為互相體會，不同處可互相借鏡並勉勵。

　　我寫本書的緣由，也因在人生晚年將打字構思動筆當成一項比較有規律也有趣味的功課與生活。像我這樣已過八十年紀的人，有些也還在其專業上不眠不休繼續努力工作，我不宜太偷懶。但有更多人都在追求與享受旅遊等快樂的生活目標。比較不幸的，也有經常跑醫院看病，身體虛弱，已沒太大力氣顧及其他。我則從經驗中體驗出在家中構思文字書寫敲打電腦，日子較能過得合適、自在、有趣也有鼓勵。較能合適是因為我有病妻要照護，走不出門，雖然可請外人代勞，也曾經請過，但經驗告訴我，由他人照顧不如自己照顧周全合適。我對多年來一邊照護病人一邊書寫文字覺得也還習慣，並無不便，也能勝任。覺得自在因為這些工作與居家生活不難結合在一起，不難調和，也少受到外力干擾。覺得有樂趣，一來是

　　自年輕時就習慣教書研究工作，還能勝任愉快，如今可免教書，研究方面更能海闊天空隨興而作，樂趣更多。文稿成集後尋找出版雖然有時會有挫折，但最終也都能出版問世，不無受到鼓勵，其中也有幾本銷售還可，接觸讀者較多，給我的鼓勵更大。

　　當我從頭再寫一本新書時，常因先應外界要求，或偶發感想隨興而寫，若是後者，常在寫了幾篇之後才認真構想應該彙集成書。寫這類書與寫教科書過程不甚相同，後者從開始時就要確定書名。但這種先有文章才給書名的，要給一個適當書名就較困難，不易將書名涵蓋所有文章，不使遺漏。本書起名就在我心中經過兩次掙扎更改，最先暫定書名為《茶餘飯後社會學》，原想全書的短文都不脫離社會學意涵，但又不使書名給人印象太過嚴肅生硬，可適合在茶餘飯後閱讀與討論。但後來一想，許多人在茶餘飯後最喜愛談論八卦話題，將茶餘飯後與社會學連結在一起，不無損傷社會學的尊嚴，擔心社會學界的朋友會有不悅。繼之又曾考慮更名為《社會與人生》，這書名可涵蓋所有書中各篇各章內容，但也有一不妥之處是，社會與人生範圍廣闊到幾乎沒有邊界。最後決定在社會後面加上觀察兩字，在人生後面加上感悟兩字，表示只限於我所觀察到的社會以及我所感悟到的人生，前面所說其他書名的缺陷我就可不必擔心了。但是書中以外的社會現象以及人生經驗細數不完，我不能夠囊括全部，遺漏難全，還得請讀者見諒。

　　本書共含六篇：〈大社會觀察篇〉、〈農業觀察篇〉、〈人情世故感悟篇〉、〈讀書報告篇〉、〈求學及師友感念篇〉、〈雜感篇〉等。其中將農業看成社會的重要部分，也因我們的社會過去以農為本，如今農業卻屈居百業邊緣地位，有必要給其一個較令人注意的位置。而人生感悟都是我認為較重要也較習慣的生活面向。每篇包含六章，全書共有三十六章，每章字數都在三千出頭，少有特別長或特別短的差異，使各章長短平衡，也使讀者能在較固定時間

內停下來思考或休息。各章題目都是我在撰寫期間眼睛所見或心中所想的，也都是令我比較有感的議題，我將所見與所思書寫下來，與讀者共同體會，也共同勉勵。也希望能引發更多人對社會認真觀察、對人生認真感悟，使大家生命的內心世界能更精彩、更豐富，也幫助我的觀察與感悟能有更多通路，也更正確。

謹識於臺北　2022 年 2 月 7 日，年假之後

目　次

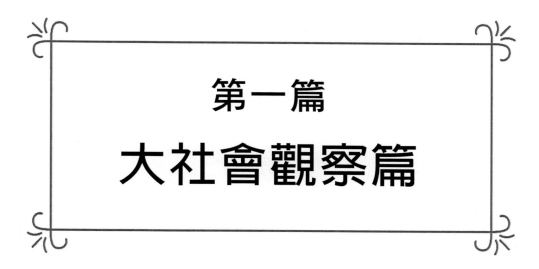

第一篇

大社會觀察篇

網路媒體浮濫傳播與
老人生活步調放慢的矛盾與衝突

身為老人的一點感觸

我出這個題目並寫這一短文因個人有此感觸，對於其他老人朋友雖未求證是否有同感，但從其生活的實際卻也不難看出有此矛盾與衝突。既然忙於應對網路傳播，與放慢生活腳步就有些矛盾與衝突，對於老人多少是一個問題，必要有所調整。改變觀念或改變行為，使矛盾與衝突減低，也可減少問題與煩惱。

網路媒體傳播浮濫紀實

網路傳播的定義是指透過電訊網路傳達訊息之意。較早的電訊傳播媒體主要是有線電話與收音機，接著是無線電話、電視機與電腦。到較晚的手機則成為最主要的網路傳播媒體了。開始使用者較少，現在幾乎每人一機，老人也不例外，甚至不少人都有兩機以上。經過網傳公司的生意設計，一機還有兩個以上門號的，這是人在對用具的擁有與分配上的浮濫。再看手機上傳播的內容與傳播的對象浮濫的情況就更說不完了。所謂智慧型的手機可傳達的訊息種類之多令人不敢想像，照相、錄影、錄音不說，連計算、計步、問天氣、問公車時間表等，幾乎應有盡有，其中使用最多的是通訊，包括語音、文字通訊與視訊。手機越是新生產的品牌與機型，功能越多，

讓人學不勝學，用不勝用。人一旦擁有了，為貪圖它的新奇與方便，也就要忙於學會使用，時間與精神就被它占有並纏住。最明顯的是在公車上、火車上、地鐵上與高鐵上，只要不閉上眼睛睡覺的人，幾乎都在滑手機、看手機，成為人數最多的低頭一族，相對的沒人在看書閱讀了。雖然手機中的各種訊息與資料也許不無用處，但也不少是真沒有用處，甚至是有害無益的垃圾或毒物，說它浮濫並不為過。

老人對生活步調放慢的普遍主張與支持

生活步調要放慢是許多老人的主張，也是他們的信念與支持論點，會有這種主張、信念或論點，多半都因情勢所逼，事不得已。老人體能變差，願望與意志變低。人生到老年走下坡時，腳步不能再像年輕往上爬時之便捷有力，放慢腳步，不操之過急，慢慢仔細咀嚼品味人生的意味，求能安定與安全。對人對事的認識少再嘗試創新與冒險，少花時間做無謂的新鮮事，也少接受無用的新訊息，與少去玩無意義的新把戲。

對生活放慢腳步也常意味少出遠門，不行遠路。運動不再用跑步，僅能用漫步行走。吃東西不再狼吞虎嚥，要慢慢細嚼，求能消化，不被嗆到。對事業賺錢與名利不再拚老命去追求，求能平安過日子就好。對子女兒孫之事，少去過問，少去惹人怨。對路人爭吵，少去插手，以免遭受無妄之災。對於世事少去操心與關注，尤其是政治，看看就好，少再去批評或參與，避免受害與苦難。

老人實際生活忙於應對網路傳播與害處

實際上不少現代的老人也都經不起現代新科技產品的誘惑，都在玩手機，形成實際行為與理想信念之間的矛盾與衝突，也就容易受到害處，最直接的害處是被迫接受許多垃圾一般的無意義也沒用處的訊息，甚至無形或有意被一些網路訊息所害，被誘惑上色情網站，被歹徒盯住詐騙。還有很糟糕的，眼睛可能被手機的強烈藍光傷害成黃斑病的「眼癌」。若是因為一邊走路一邊看手機而摔倒在地，或撞車撞牆，就可能造成更嚴重的傷害。在現代網路上與認識或不認識的人通訊與通話有不少都是言不及義的，不少問候用語常是抄襲來的，不少訊息並無新義或虛假的，多看多浪費時間而已，少看或不看則可減少被誤導甚至受傷害。

如何抉擇的問題

當今網路的傳播幾乎到了氾濫成災，也因此奉勸有使用的老人，也無妨包括年紀較輕的人，使用時以能謹慎為是。尤其是在轉傳訊息時，最必要謹慎選擇，去除與阻擋沒意義甚至不實有害的訊息，以免損人也損己，害人也害己。在問候友人時，寧可親自撰寫，少去借用與抄襲他人之語，會比較有誠意。

大難之後的反應與作為

想寫這篇短文的動機

　　我學社會學，社會學者看社會常可從總體的結構面看，也可從個體的行為面看，我不願像特定學派的社會理論家一定要堅守某種特定觀點與立場，立足某特定學派的觀點與理論，比較愛從看問題與談問題著眼，視問題的本質而選擇較合適的觀點加以討論，求得較方便也較能接近實際。本題目本質上較適合看為是人類社會行為的一項，社會上的人人都可能遭遇到大難，之後的反應卻複雜不一，對自己與社會的影響與後果必會有不同，都值得研究，一方面可藉以了解人性，另一方也可藉以了解社會。

　　人的一生會如何作為，樣式很多，其中最可貴的一種是幫助他人，奉獻社會。多半這類偉大的人都有堅強的志向，隨志向而作為，也有因為因緣際會而展現者。多半的人也不一定要經過大難之後才下定志向，因緣際會也不一定要經過大難事端。但是人生經過大難一事，畢竟很不平常，給經歷的人多一次反省考驗的機會，仔細考慮事後如何作為。大難不死，對生命的衝擊不小，變好變壞就在一念之間，往後的行事卻會很不一樣，一些人能從此大徹大悟，行善如儀，對社會做出偉大貢獻，另一些人未必會有此轉折，這些心理行為的奧妙變化實也值得大家注意與研究。

人生大難難免

　　這一題目值得探討，也因世上的人一生普遍大難難免，也即這是一種普遍現象，而非少數個案。若能從探討研究中得出一些原理原則，供多數人參考與應用，便更具意義與價值。

　　人生的大難會有許多種，重要者不外乎全人類都關心的重要幾項，包括身體不健康不平安、財產消失或減少、名譽掃地尊嚴喪失、自由受限、前途無光、親人傷病、死亡或遇難等。產生的原因，不一而足，但歸納起來約有四大類：第一大類是個人的因素；第二大類是社會的因素；第三大類是天災地變；第四大類是難以預計的意外。個人的因素最可能因體質衰弱或個性乖張惡劣所引起。社會因素則常因身邊有敵人或有惡人加害，也可能因為社會秩序混亂政治不安或社會經濟條件欠佳所形成。天災地變在過去都是由自然的威力造成，近來由人禍導致環境汙染與破壞者也有不少。意外的災難當以交通事故與公安問題最為常見。種種災難因素有可能造成人的死亡、受傷、失財、失德或喪失親人。

　　面對各種大難的來臨，人們難免都會驚慌，需要應對與處理，在管理學的領域內，這種應對常被稱為危機處理。在本文所要探討的不是危機處理的過程，而是人於大難過後情勢大致底定後，經歷者的心理行為反應型態。如下要談論的心理行為反應不包含無知覺意識與能力的人，例如失憶症者及無行動能力的其他重大病患，而是只限於有正常意識與行動能力者。我注意到，大家也可能都一起注意到兩種截然不同的反應類型：不顧前車之鑑者以及能大徹大悟者。其實多數人在大難之後的心理行為反應都在這兩極端之間，有些人比較接近不顧前車之鑑的一端，另一些人則比較接近大徹大悟的一端，呈一種連續性的狀態，並非突出極端明顯的差異性，但為能方便理解，就按照兩類反應的特性做一些比較分析與說明。

不顧前車之鑑者的心理行為反應

世界上確實有一種人在遭遇大難之後，並無悔悟及要求改正之意。所以會如此，有人因為玩世不恭，對世事的是非對錯並不認真分辨，對於正面之事並不用心去追求與維護，對於負面之事也不努力用心去改正與消除。對於過去大難時吃到的苦頭也不很在意，並不覺得是錯誤，反而覺得很習慣。這種人大致都是較傾向無良知的性惡之人，其惡劣的程度又分三等。下惡者僅是未能從大難中記起教訓，做為改進錯誤依據，避免再次犯錯受難的借鏡，但倒也無意進一步的犯意。中惡者則從大難中領悟到一些突破與升階苦難的心得，還蠢蠢欲動，想再嘗試更高階的犯行，逞滿足更多不當私慾，但只是思想並未付之實際行動。上惡者不但忘記受難時的教訓，事後更表現逞強報復的行動，常很快就再重踏覆轍，越陷越深，及至有日終難挽回，成為被苦難掩埋的徹底犧牲者，不無給自己帶來遺憾，也令他人覺得惋惜。

大徹大悟者的心理行為反應

一些可圈可點的遭受大難之人，是那些能大徹大悟改過自新之人。這種人於受過一次大難之後，深刻記取教訓，步步小心謹慎，行事如臨深淵，如履薄冰。最可取的上焉者，還會將自己大難不死之身，視為是他人寬容對待或上天賞賜的第二生命，往後更加愛護自己的生命，甚至願將自己的生命貢獻給他人，包括對自己有恩的人，及所有不相干的人。許多中外歷史記載中以及古今小說故事中，不乏這類偉大的再生之人，有的是坐過牢的罪犯；有的是做過錯事，別人不見得發覺，只是良心上受到譴責者；也有在大病痊癒後發起

善念，這些人後來都可能變成偉大的上人，替天行道，濟世救人，造福許多人類生靈，能不令人讚嘆！

　　古今中外偉人名人很多，但因大難之後變成偉大者並不是很常見，倒是有幾位先前很偉大，後來才殉身受難。在中國史上有位岳飛，在西洋歷史上則有一位耶穌。至於首先受難，而後表現濟世救人的偉大人物，最常見的是政治受難者的革命家，但許多政治受難者都於尚未表現偉大救人事蹟之前，就犧牲了性命。道地經過苦難而能成為偉大名人者，在中國歷史上少有出身帝王之家者，卻有不少出自一些寒門子弟，經過苦讀，而後成為清廉官吏者，才更當之無愧，清代雍正年間的總督于成龍，算是很傑出的一位，他為官一生，非常清廉，為公盡職，苦民所苦，自己常三餐青菜蘿蔔，無魚肉可吃，但為了救助苦難百姓，常不惜得罪同僚，被同僚貪官反咬汙衊，陷入極度險境，一生不畏懼強權，也不變節，真是難得的卓異廉吏。西方世界當以美國的林肯總統最符合出身苦難而能行偉大事蹟者之例，林肯出身貧困家庭，自小吃過不少苦頭，獨立謀生，形成堅毅過人的性格，乃於當上總統之後能深深體會與同情黑人奴隸的苦難生活，領導國家廢除奴隸制度，解放所有黑人奴隸，增強聯邦政府的權力，推動經濟現代化。

　　在世界著名小說中則有法國大文豪雨果筆下的一位尚萬強（Jean Valjean）義行最為感人。在雨果所寫的《悲慘世界》小說中（電影版又譯名《孤星淚》或《鐵窗誤我三十年》），這位曾經因為偷取麵包接濟外甥而犯罪坐牢的人，於出獄後經過一位好心主教收留過夜後，臨走偷了主教家中一對銀器，被警察逮捕，主教沒有責備他，反而替他說好話求情，讓他內心深受感動，良心一轉，而後做出許多助人救人的偉大事蹟，自己還不斷受苦受難，真正是悲慘世界。這樣大徹大悟的人，實在非常難得，令人感動，值得世人敬仰與效法。

大難不死必有後福或有後患

有關大難不死之後的結果，有兩種極不相同的說法，一種是必有後福，另一種是必有後患，兩種都成為俗諺，在民間廣為流傳，會廣為流傳，因為都有道理可本。本文的正面意旨在探討大難不死的人，事後能大徹大悟，改過自新，終能得到福報，享有後福。這種結局起於事事的因果關係，而這種因果起於人生會遭遇經歷苦難，之後有機會改過自新，洗刷罪孽與過錯，奮發圖強，終能得到好運氣與好報應，而能享有後福、厚福或厚祿。

事實上不是人人遇到大難之後都能改過自新，發奮圖強，因而也未必都能得到好報。不少人於大難之後，不但未能反悔改過，仍然我行我素，甚至變本加厲，較前惡劣，其行為的結果就與後福、厚福或厚祿無緣，反而逐漸接近後患。有些大難非由個人行為而引起者，而是由外力影響所致，但於大難之後也都未知要有所警惕，未能設法避免，仍然讓大難有機會上身，一再發生，也就難有後福，而難免會有後患。

醒悟後的正面祈求與歡樂

我們最期望能看到的社會眾生都能積極健康表現行為，在大難之後都能夠徹底醒悟，正面迎接新的人生，更改過去生命的失誤，彌補過去行為的缺陷，從此迎接自己快樂也有助社會的新生活。

我們能看到的這類人雖非很多，但也不乏其人。較多數的人於大難不死之後，都先關心獨善其身，發誓往後要先求好好保養身體，多吃好料理，多玩樂，多旅行看看世界，善待自己，不使自己吃虧，不死得遺憾與冤枉。唯也有一些能更積極更善心的人，於大難不死

之後還想能兼善天下，願意將不死之後的餘生，幫助他人，服務與貢獻社會，將其劫後餘生做最有用的奉獻，其生命最後也最能回歸到快樂的淨土。

　　我們所看到的這類人的偉大生命安排與行為表現最明顯的有兩種，一種是將身外之錢財物資奉獻給他人社會，另一種利用餘生竭盡所能，將自己的心智力量也奉獻給社會大眾。前者常以慈善家的姿態出現，在現代社會最常經由設立基金會的方式，行幫助社會發展有益人類之事業。但有許多基金會借慈善之名，實際上行方便之門洗錢、藏錢與用錢者並不能算數。第二種是竭盡所能奉獻他人社會者，他們沒有太多錢，也不能用錢而是使用他們所有的心智與勞力來奉獻，具體的方式更為多樣化，貢獻的價值也可能更為高超與奧妙，都甚可貴。他們在受難時的經歷都可能成為促使他們願意奉獻的動力，也可能供為轉化成奉獻的寶貴資料。

接種疫苗問題面面觀

因 COVID-19 疫情嚴重而接種並研發疫苗

世界及臺灣染疫過程述要

COVID-19，也稱新型冠狀肺炎，起於 2019 年底，到 2020 年時擴散至全世界各國，確診與死亡人數眾多，至 2020 年底時全世界確診人數也即染病人數，共有 8251 萬人，死亡人數共為 180 萬人。在這年內臺灣控制疫病方法得宜，僅有 787 人確診或染疫，死亡 7 人，比先進國家及全世界都相對少很多，成為世界防疫模範國家之一。到 2021 年時疫苗相繼問世，但因普及率仍不甚高，在上半年內全世界的疫情仍在繼續蔓延中，至 7 月底時，全球確診人數已多至 1 億 9738 千萬餘人，死亡人數也有 421 萬多人。臺灣方面約自 5 月下半旬開始防疫出現破洞，主要因為對入境者管制不周，一位帶菌的紐西蘭籍的華航機師入境後受隔離管制時間太短，將病菌擴大到社區，一發不可收拾，在 5 月到 7 月，三個月期間確診人數每日常多至三位數，低時也都有兩位數。至 2021 年 7 月底全臺灣確診人數共有 15,674 人，死亡人數也共有 787 人之多。

疫情嚴重後必要施打疫苗

當世界及臺灣的疫情變為嚴重後，都必要施打疫苗才能控制。英國牛津大學與阿思捷利康（AstraZencn）共同研發成功的 AZ 疫苗最先問世，並核准在義大利、德國及韓國製造。後來德國的輝瑞 BNT

（Pfizer-BioNTech），及美國的莫德納（Moderna）也於 2020 年底相繼問世，並於 2021 年初大量生產。接著在 2021 年初美國紐約大學與製藥巨頭 Johnson & Jahnson 公司共同研發生產的嬌生疫苗，美國生技大廠諾瓦克斯（Novavax）生產的諾瓦克斯疫苗也相繼問世。到 2021 年前半年歐美等先進國家注射疫苗比例增加，疫情一度受到有效控制。這時間臺灣則因疫情失控，對疫苗的取得又不順利，確診及死亡人數一度升高，於 6 月間加緊控制並開始施打疫苗，到 7、8 月以後才逐漸再緩和下來，但此時疫苗已嚴重缺少。

各種疫苗的是是非非

共有五種外國疫苗問世

至 2021 年 8 月初本文行筆時，世界上共有五種抗 COVID-19 的疫苗上市，即 AZ、輝瑞、莫德納、嬌生及諾瓦克斯。AZ 是英國產，輝瑞是德國產，其餘三種是美國產。事實上進入臺灣的只有前三種，其中以 AZ 數量最多，主要由日本贈送，立陶宛、斯洛伐克及捷克也有贈送。日本曾經贈送三次，共有 337 萬劑，立陶宛贈送 2 萬劑，捷克贈送 3 萬劑，斯洛伐克贈送 1 萬劑。但後兩者都尚未送達。另外，美國兩次贈送莫德納，共 250 萬劑，已於 6 月底前送達，自購已到貨者僅有 54.46 萬劑。至 2021 年 7 月 31 日合計已到貨數量共有 954.46 萬劑，占全部預備數量 8081 萬劑的 11.81%。

接種率偏低

至 2021 年 7 月 25 日為止，全臺灣接種人次共有 634 萬，打過一劑人數達 26.05%。將 634 萬人次除以臺灣總人數的 2357 萬，得

出每 100 人接種人數為 26.89 人，這與全世界及一些國家比較，都相對偏低。目前全球每 100 人接種者是 53.6 人次，美國是 103.6，日本為 69.1，英國 127.5，法國 109.6，德國為 69.1，中國、香港、澳門為 115.8。至 7 月底或 8 月初，若以至少一劑疫苗人口接種率計，臺灣是 34.03%，新加坡是 73.63%，香港為 43.43%，日本是 39.84%，中國 43.21%，韓國 37.93%。由上列這些相對數字值，臺灣的接種率明顯偏低，值得我國全體人民及政府警惕。

國人施打最多的 AZ 疫苗被認為是問題最大的一種

至今國人施打的疫苗以 AZ（AstraZenccs）最多，在現有的五種疫苗中 AZ 常被認為問題最多的一種，其中被認為會造成血栓最受詬病，施打之後，死亡人數也相對較多。此外的副作用還聽說有局部疼痛、發燒、畏寒、肌肉痠痛等。其實 AZ 被國人認為問題最多也因施打者最多之故。其他疫苗施打率極低，也無從比較起。此外也因日本贈送我國的 AZ 疫苗數量多達 337 萬劑，構成部分國人以為因為 AZ 問題多，日本人不要打，才送人。但日本方面的解釋是他們對疫苗搶先超買，剩餘量多，會有剩餘量也因疫情燃燒趨緩，許多人等待其他疫苗，致使 AZ 疫苗快過期。種種傳言都有可信與不可信之處。與其聽人之言，不如以自家人的經歷為證，我家四人第一劑疫苗都打 AZ，實際上也沒得選，打完之後我與兒子幾乎都沒反應，女兒打後當晚略感頭疼，但睡了一覺後也就好了。唯獨內人施打之後，不能排尿，裝尿袋足足六星期之久，問過幾位醫師，都口風一致，認為這病與打疫苗無關，就像幾位長者打了疫苗之後死了，醫療官員也都說死者都有長期病，言下之意死亡都與長期病因有關，與打疫苗無關，但明明都於打了疫苗之後才發病或死亡，這種論斷實在難以令人理解，更難能令人信服。

購買德國製造疫苗 BNT 一波三折

應對流行病施打疫苗普遍成為政府的責任，盡責的政府都在最早時機，作最充足的準備，奇怪的是這次臺灣政府的準備工作出奇緩慢與不足，引起企業家及慈善團體起意出資購買疫苗補充。鴻海企業旗下永齡基金會負責人郭台銘首先表示願意購買德國製造的 BNT（BioNTech）疫苗 500 萬劑，也即輝瑞牌（Pfizze），起初不很順利，因為該牌在大中華地區的銷售權已由上海一家復星公司代理，復星本身也製造疫苗，我國中央疫情指揮中心不無疑慮，遲未定案，民意也不無非義。後來台積電也表示願意捐助 500 萬劑，與郭一起努力，政院授權兩者採購，簽約雖然也經上海復星，但保證可直接從德國原廠進貨，洽購程序於 7 月 14 日完成，但進貨最快要到 9 月，不無有點緩不濟急的遺憾。緊跟台積電與永齡基金會之後，慈濟基金會也表示願意捐贈同等數量，也循相同模式採購，但都需要等待。

美國贈送的疫苗先到，購買的還未到

我國曾向美國購買莫德納疫苗 500 萬劑，合併國內外生產種類，共買 3000 萬劑。當 2021 年 7 月疫情爆發時，所有購買疫苗都尚未到貨，在緊急情況下，美國先後兩次捐贈我國 250 萬劑莫德納，施打人數不如 AZ 之多，但因疫苗嚴重不足，需求甚緊，這些贈送的疫苗對疫情的控制幫助不小。

保護與等待高端及聯亞國產疫苗惹來非議

臺灣施打疫苗時間落後，除了在 2020 年內疫情相對較不嚴重，以致延誤，也因疫苗嚴重缺乏。疫苗缺乏的原因則是向國外廠商購

買數量太少，也太晚，民間也盛傳與政府為了密切保護國產疫苗的政策有關。國內原有兩家生技公司，高端與聯亞，在研發 COVID-19 疫苗，但當疫情緊急時，兩家公司的產品仍未能問世，政府也許早已下訂購買多量國產疫苗，因此就有高端未完成周全研究試驗程序就提早解盲，以及改組審查委員，順利通過緊急使用授權（EUA）審查。有識的國民雖也希望能有自產的疫苗出現，但對自產疫苗這種急就章的作法，不無疑慮，真要接受非打不可時，心裡難免會有發毛感覺，這種感覺也許要等到證實平安有效之後才能化解了。

在接種疫苗過程中的種種問題

臺灣在接種疫苗方面的問題，除了在種類上出現上述的是是非非，在程序上的問題也有不少，重要者約有下列幾項。

供應量不足

臺灣在接種疫苗的過程中一項最根本的問題是供應量不足，至 2021 年 8 月初，每 100 人接種人數僅約 30 人，此時全部疫苗已用盡，購買與尚有捐贈的疫苗都還未進貨，國產的疫苗也還要等待。

施打時間太晚

另一重要的過程問題是開始施打時間太晚。由於疫苗到貨量少，時間又晚，我國約到 2021 年 6 月上旬才開始開放給民眾較大量免費施打，這時已在疫情燃燒之後，而非之前，無形中造成較多人確診與死亡，若能在疫情燃燒之前預先接種，應可減少確診與死亡人數。

疫苗種類不盡合人意

　　由於疫苗來源受限，以日本捐贈的 AZ 相對較多，美國捐贈莫德納次多，民眾接種的順序又依照類別、分年齡、分梯次進行，將官員排列在第二順位，不無失之偏私。接受施打者沒得選擇種類，難免不盡合人意，不合適者勉強施打了，可能增多不良反應，或減低效果。

施打方法與安排欠當

　　另一被國民抱怨的施打過程問題是，施打方法與安排欠當，其中以臺北市要求市民一定要上網登記，以及若干施打地點不當，最使年老市民感到不便，也最受詬病。此外將官員的施打排列在第二順位，也被認為不無失之偏私。

中央政府決策方面的問題

　　由於 COVID-19 疫苗是要對抗流行性疾病，政府視防疫如同作戰，視疫苗如同戰略物資，對施打疫苗視同戰爭抗敵之事，馬虎不得。民眾也戰戰兢兢，不敢怠慢與粗心，對於中央政府在施打疫苗的政策也都非常注意，故也指出下列敏感的缺失與問題。

購買疫苗遲緩與不足的問題

　　從這次的疫苗經驗，最大的缺失與問題是購買的時間遲緩，數量也嚴重不足。其中必也有緣故，可諒解的緣故是到這非常時期，大家都在搶購疫苗，生產國家也不輕易出售，採購並不容易，我國採購疫苗過程又常遭遇中共的阻擾。但是人民較有疑問的是政府可

能也有疏忽，在 2020 年內抗疫成功，就疏忽了病毒傳染的嚴重性，也未能事先儲備足夠疫苗。另有一項讓人民疑惑的，是否為保護國產疫苗，而刻意少買或不買外國疫苗？

袒護國產疫苗的問題

國家需要發展自產的疫苗，無可厚非，但因而造成疫苗不足，也不無遺憾。政府保護國產疫苗勢同保護戰略武器，非常必要，但其中若有偏私，過度保護，人民也就會有意見。有關政府與高端及聯亞兩家國產疫苗的關係是非不少，也相當機密，信其有弊者，恆信；信其無弊者，也恆信。實際真相如何，也唯有政府光明磊落的作為，才最能除去人民心中的疑慮。

疫苗預算不清的問題

防疫的措施使政府要花很多錢，是勢所必然。為此關係重大人民生命之大事，政府花大錢原也可以諒解，但因採購疫苗一事不很成功順利，乃引發部分人民對於疫苗預算去路起疑，政府對這方面的解釋也並不是非常透明，就不無留下一些疑問。

媒體泛政治化對立的問題

由這次接種疫苗事件也連帶引發出臺灣媒體界存有不少問題。各種媒體大致可分成三大方面的立場，各種立場的媒體都有其立論的基礎與道理，也都有其蒙蔽的缺陷，對於施打疫苗的觀感與意見常成正反兩極化。

親綠媒體護衛政府與政策的正當性與弊端

　　很明顯國內有若干護衛政府與政策的所謂親綠媒體，這些媒體為政府與政策辯護都不遺餘力，甚得政府與愛護政府的人民所喜愛，但是對於有偏失或錯誤的政策或行政措施，也就常失於監督與糾正。

親藍媒體攻擊政府與政策的理由與偏差

　　社會上也存在另一些所謂親藍或反綠的媒體，專以攻擊批評甚至打擊政府與政策為快事。這類媒體有時也能指出隱藏問題的貢獻，但也容易擾亂視聽，鼓譟謠言與動亂，也是其重大缺失。

獨立評論的中間媒體相對少見

　　最可貴的媒體是些不偏不倚，不亢不卑的獨立評論者，但我們社會上這類媒體相對少見。多半的媒體都喜歡靠邊站，也許因為靠邊才能接近任何一邊的權勢，得到較多利益，也才能吻合較多有立場選民的口味。

反對派政黨方面的問題

　　在施打疫苗的過程中，可明顯看出反對的政黨，如國民黨或民眾黨等，都扮演一定的角色，最常見的角色是謾罵政府、批評政府、反對政府，其言論與立場甚至常與對岸的中共一個鼻孔出氣。當全民因疫情干擾都在努力抗疫之時，一些反對的言論雖也有糾正錯誤的作用，但也常令人民感到挫折與洩氣。有些出自反對黨籍人士過激的言論與批評，就會有失愛國與道德之嫌，常會惹人不悅，或許

也應適可而止，或應自我節制。

人民個別方面的問題

在這次接種疫苗的過程中，也可看出人民百姓有些令人不敢領教的措舉。第一項是從開始有疫苗可打時不打，到後來則演變成要搶種疫苗，都不是明智之舉。第二項是利用特權犯規偷打的鬧劇。這些問題後來都不了了之，但從中也可看出人性自私與投機的一面，都值得所有國民警惕與改進。

臺灣人對談論政治的忌諱與演變

少年時代政治禁忌的背景

　　我們這一世代的臺灣人普遍都經歷政治禁忌的時代背景，在少年時代常被父母長輩耳提面命「小孩子有耳無嘴」，對政治事務最多只能聽，不能說，多說可能說錯，容易遭受災殃。我們這一世代的人，早一點的出生在日據時代，較晚的出生在二次大戰之後國民政府剛來臺灣接收之時。從我們的少年時代稍微懂事之後，經歷青年與壯年，臺灣的政治都是一黨專政，言論受到嚴厲控制，空間狹小，不小心就容易越界，冒犯禁忌，遭受懲罰，輕者被警告，重者坐牢，甚至被判死刑。許多出生於臺灣或在臺灣長大的少年人，自小養成小心謹慎，少談或不談政治。更早一輩的臺灣人，則於戰後初期受到不少政治迫害，坐牢者為數不少，有的犧牲了性命，有的犧牲了自由。

解嚴後政論解放與矛盾

　　自從 1987 年臺灣省戒嚴令解除之後，言論的尺度放寬，批評政府的政治言論也逐漸多見。但是臺灣長期政治環境的特殊情況，形成島內居民政治立場兩極化，藍綠兩陣營相互對立，不少朋友親人之間政治意識也常存在不一致不協調的複雜情形。這期間人民與政府之間的政治矛盾與衝突減輕了，但人民之間又很容易發生政治歧

見與紛爭，談論到政治，一不小心也就很容易冒犯到友情與親情，這又給臺灣人造成另一種政治言論的禁忌，不少臺灣人在不很投機的人際關係下，或在政治意見極端差異情形下，盡量避免談論政治，以免傷害和氣。

忌諱談論政治的原因

許多臺灣人忌諱談論政治的原因，說穿了不外是外界的壓力及內心的恐懼與憂慮。

來自外界的壓力

外界的壓力方面，自日治時代到國民政府時代長期外來權力統治，一般的臺灣人缺乏政治地位，一不小心很容易掉進政治的坑洞，遭受苦難。若干能談也愛談政治的臺籍知識分子，常成為政治受難者，不擅長談論者看到這種下場，就更不敢談，不愛談了，也不想談了。

一般平常的臺灣人普遍都有忌諱談論政治，社會上政治發展還可看出若干明顯不良的現象，首先可看出不少在校的高材生遠離政治。在日治時代因為政府的政策也不喜歡臺灣人專學法政，學了也少有施展與用武之地，許多優秀的學生都遠離政治，傾向學醫學或理農工科，這現象到國民政府以後，仍然延續很久。少有優秀學生投入學習政治，對於政治的發展不無負面的影響，形成少有實際參政的人物常限定在政治世家出身，程度與水準參差不齊。

來自內心的恐懼與憂慮

　　不愛談論政治的內心原因不外是恐懼與憂慮兩大類。恐懼是較沉重的內心壓力，憂慮的內在壓力較低，但也同樣是負面因素。早前臺灣人對政治的恐懼是怕被掌權的國民黨政府貼上異議分子的思想犯標籤，被判有罪者可能死刑或坐黑牢，罪刑較輕者常被監視，工作與職業升遷機會被凍結。不少與國民黨員不同道的知識青年在留學外國期間還常被所謂「抓耙仔」打小報告，一旦被釘上，就上了黑名單，有的人回不了國，或回國後要受到監視，找事升遷都會有困難。愛在報章雜誌發表言論的作家學人，措詞用字都要十分小心，否則難免觸犯政府的規定，被打進黑牢。

　　臺灣自從解嚴之後，政治氣氛較民主化，但政治氛圍變成相當詭異，許多人因過去的經驗與習慣烙印太深，認為對政治還是很危險之事，因而不喜歡多談論。另有不少人在平時與友人言談中當論及政治問題時，常會因立場與認同相異，意見不同，不歡而散，也從中學得教訓，認識政治議題不好談，也就不愛談，省得有傷和氣。平時談論政治時難免會批評到時下有權力的政治人物，極有可能轉傳到當事人耳中，引起被論及的人知後不悅，甚至會長記仇恨，造成對多嘴者不利，這也讓不少人對於時政的討論不無寒蟬效應，許多人都不愛說，更不喜歡多說。

政治言論與行為的若干演變

言論開放與對立

　　到了解嚴之後，臺灣人害怕政治與害怕談論政治的心理減輕了，兩蔣以後政治民主化加深，政黨輪替，政治權力轉換，臺灣人

的政治認同與政黨歸屬變為多元複雜，大致上傾向兩大陣營，一種是本土意識與認同，也常被認為是臺獨的陣營，這一陣營的成員以本地土生土長者為主，尤其是曾為政治受難者及弱勢者的家屬；另一種是歸屬原來的國民政府，後來也較與中共有較多互動與往來的大中國主義者陣營，這一陣營的成員則以國民政府時代高官及其子弟，或不滿也擔心喪失政治地位的國民黨底子的人士，其中不少是國共內戰之後國民政府遷來臺灣的所謂外省人與其子弟，以及在國民黨組織中曾有過不差官職的本省籍人士。這樣的區分只是大致情形，事實上有些外省第二代基於自我管理重要的認知，也自認同為是臺灣人。兩種陣營的人立場與意識鮮明者，對政治見解的相互容忍度不高，常格格不入，彼此聽到對方的政治言語與自己的不同調時，常會有反感，甚至變臉。兩陣營的人不少在其他的社會關係與認同上會是重疊一致的，像是同學、同事、朋友、親戚等，卻常因為政治認同與歸屬不同，而發生矛盾與衝突。這會造成謹慎的臺灣人民在大眾場合，或在不相同政治立場與認同的熟人或親人之前，也以避談政治議題為妙。

民眾運動相繼出籠

自從解嚴以後人民享有集會結社的自由，一些不滿政治現實的民眾相繼出籠，其中有些是針對某些特殊興趣或問題而引起者，如農民運動與環保運動等。也有一些比較關係到根本的政治結構與運作而引發的，其中以由大學生發起的野百合與太陽花兩項運動最引人注意。野百合學運發生在 1990 年 3 月，先由幾位臺大學生因不滿當時政治改革進行緩慢而起，後來會集各大學學生數千名在中正紀念堂靜坐抗議，提出四大訴求，包括解散國民大會、廢除憲法臨時條款、召開國是會議、提出政經改革時間表，後來都獲得政府承諾

而落幕。太陽花學運則發生於 2014 年，學生與民間團體不滿國民黨立法院黨團迅速通過《海峽兩岸服務貿易協議》，經學生占領立法院反對，結果使該協議遭到推遲。參加兩次重要政治性學運的學生領袖，後來都變成臺面上的重要政治人物。

勇猛人物治國、治人與治事及後果

在政治的轉型過程中，當一些常人避談或少談政治之際，政治民主化給另一些人看出可從參與政治展現正義，或得到利益與好處，乃熱衷投入政治活動與事業，其中有些異於常人的勇猛人物投入政治後都獲得了治國、治人、治事的地位與機會，這些人以學習法律出身者最多，也造成他們個人的政治得失與成敗的後果。

無顧忌專業政論名嘴的出現

另有一批異於常人，言談較無顧忌，紛紛變成媒體上口齒犀利咄咄逼人的名嘴政論家，這些人的出現大改過去臺灣人不願意談論政治的刻板印象。政論名嘴們的作風突破一般平常人對於政治的禁忌，無所不談，甚至還常表現獨家新聞，獨到見地，他們的形成也因有線及無線媒體的興起而產生，改變過去臺灣人忌諱談論政治的習慣，變成以談論政治為專業，增進一般人民不少政治知識，但也常言過其實，或有缺口德之失。多半的專業政論家的政治色彩與立場也都選邊站，固然可給觀眾與聽眾做為意見的參考，但也常影響觀眾與聽眾的政治態度會朝向偏激的一面。

期待理性政論家與良心政治人物的出現

政論與政治密切有關

　　談論政治與實際政治會有密切關係，在民主政治制度時代，談論政治對於實際政治有直接或間接影響，人民也不該再害怕與保守，應該關心並且熱衷參與討論。良好的政論出言要能中肯適當，一方面可鼓勵施政者的士氣，另一方面也可增進人民對政治的正確判斷與信心，使政治導向正途，治好國家事務，造福人民。相反的，不良的政論包括歪曲事實，顛倒黑白，造謠生事，偏激過當，謾罵無據，譁眾取寵，歌功頌德，取悅權勢等等，或許可以提高特定媒體頻道的收視率，並且刻意收攬某一特定觀眾的支持，卻有失正確公平與正義，誤導民意與政治的發展。

政論貴在理性客觀也要有深度

　　良好政論的條件很多，但最可貴的條件不失理性、客觀與深度。理性的政論是根據證據及審慎思考合理推導政治性的言論，自然也都較客觀並有深度，這樣的政論才能給予觀眾與聽眾正確的政治認知。持有客觀正確的政治態度，可使國家的政治做正確的參與及作為，也才有助於國家政治正向的改革與發展。

　　政論會失之不客觀，有者因為政論者的立場與觀點偏頗，立論偏向某一特定政治族群，有者偏向護衛執政團體，有者偏向支持在野政團。等而下之的偏頗政論者，則會隨風轉舵，見異思遷，接受金錢或權位利益的誘惑，經常變節，不顧是非倒向權貴的一方。政治權貴者常擅長利用人性弱點，施放利益換取政論者的支持，使公開的政論常失去正確與公允。

　　政論未能有深度，則常因立論者學問與功力不足，談論常僅及

皮毛，缺乏內涵與深度，或常人云亦云，專炒冷飯，少有獨到的見解，聽眾少能獲益，也都需要改善。

政治人物貴在有良心

在政治專制獨裁的環境與時代，人民不愛也不敢談論政治，有其苦衷，但在自由民主的時代，人人都有權利關心政府管理人民的政治事務，人人也都期盼政治人物要能盡好政治責任。其實政治人物要盡好政治責任並非很困難之事，因為各個政治職位的角色該如何盡責，都有很明確的規定，政治人物只要憑良心做事，就可符合規定的角色，就能將規範的份內事務做好。政治人物不能盡責，會有推諉、貪污、草菅人命等不能盡責之舉，都因缺乏良心所致，難免有損自己德行，也讓人民失望。有這些缺陷的政治人物，也都需要改進。

權力鬥爭

一個經常可見的重要議題

　　權力鬥爭這一議題之所以重要，是因為在人類社會普遍常見，也因有其必要性與自然性。人類爭鬥權力常為了掌握權力來影響與獲得需求的利益。需求的利益極為多樣複雜，但都有限，尤其是有形的自然性物質資源，人人想要，就會你爭我鬥。為得權力必要爭鬥，因為權力好用，常用為取得想要資源的方法與後盾，但權力又未能或很難不請自來，常要經過用心用力爭取才能獲得，甚至常要不擇手段，運用武力才能有效得到，遂常會有激烈的鬥爭。也因此有野心獲取非份利益的個人或團體，更需要講究先謀取權力，作為條件與手段。

權力的多元複雜性質

　　要了解權力鬥爭，有必要先認識權力的性質。權力（power）一詞是指能力、力量或能量。這些能力、力量或能量都有歸屬者。可能歸屬自然物質，最終也都轉移或歸屬到擁有者或使用者人類。在此我們所討論的權力著重在歸屬人的權力，這種權力也是指涉及到人與人之間的權力，即是社會權力，但因為人與人之間的關係不僅是社會性，也常會是心理性、政治性、經濟性與文化性等，因此這種權力又常轉移或變換到心理、政治、經濟與文化方面，成為各種

特別面向的權力。

　　所謂社會權力（social power）是指可影響或改變他人，使能得到自己所要目標的能力。這種能力的式樣有很多種，有軟的，有硬的，有光明正義的，也有黑暗惡毒的。社會學家將之分類成五大類，即（一）合法的權力（legitimate power），是指合乎法律規定或准許的權力，超乎法定的不能被接受與認可；（二）指示的權力（referent power），這是指具有吸引他人參考價值的權力，也就具有指示他人作用的權力。這類權力都起於能令人喜愛、羨慕、尊敬，而成為有魅力，能指使他人使其願意成為粉絲、追隨者或效忠者；（三）專業者的權力（expert power），這是因為具有專業能力，因而也有權力。許多專家在他的專業方面都能影響他人，掌控他人；（四）報酬性權力（reword power），指經由給他人酬報而得到權力，或得到他人酬報而賦予權力。報酬的獲得常因有功能，會盡貢獻，施能者因能得到受惠者的回報而得到權力；（五）強制性權力（coercive power），這樣的權力使接收的一方常會感到有壓力，並非心甘情願，委屈於強力的壓迫，不得不從命。這五種不同的權力都是從權力的本質不同而區分的。

　　社會權力的性質多元複雜性，除了從本質上看，還可從其他更多方面看，像是從權力的來源與取得條件，權力的運作，權力的變換，權力的大小強弱，權力的效用、影響、與後果等，都還可看出其多元性與複雜性。

常見的幾種權力鬥爭面向

　　在人類實際的生活中最常見也最容易感受的權力類型約有五大面向，即是心理的、社會的、政治的、經濟的、文化的，且在這五

大面向都不難看到權力鬥爭的現象與問題，這些不同面向的權力鬥爭一方面將各種面向當為權力鬥爭的目標，另方面則當為權力鬥爭的方法或手段。本節就將個人所見，略為作些分析與說明，也可與讀者共同認識與思考應該如何面對。

心理面向的權力鬥爭

常見的心理面向權力鬥爭就當為目標看，有只為爭一口氣，或爭個面子而已，這兩方面的爭鬥，也可合而為一，爭一口氣其實也是爭面子，本來並無甚大不了的目的，卻僅因為吞不下一口氣或丟不了一個面子，就動手動腳爭鬥起來。常見路邊出小車禍的爭吵雙方僅因一個小擦傷而起。難纏的惡鄰之間，常會因一方的雞飛狗吠，影響對方睡眠的小事，或樹葉落到他家而感到不滿意，就引起糾紛。酒場上的醉客互相藐視對方一下，使彼此感到不舒服，而會互相對罵，爭吵不休，甚至動武殺人，這些都屬此一類型的鬥爭。此外也有較嚴重因為妨害或為了維護名譽而吵上公堂，告訴到法院者。這些心理性目標的權力鬥爭，本來都非大事，卻因不能忍而發生。將心理性的權力鬥爭當為達成其他目標的方法或手段者，常是將吃過的虧，受過的害，銘記在心，成為仇恨舊帳，時時想要報仇，使對方感到危機重重，自己也不開心。

社會面向的權力鬥爭

對這方面的權力鬥爭，社會學者給的理念不少，但就日常生活中最容易看見與感受到的目標性鬥爭有為爭奪地位、名望、地盤等。同事爭地位，同行爭名望，各種比賽者爭名次，黑社會爭地盤，都屬這一類。同事爭地位，可能使出的手段與方法各色各樣都會有，較紳士的有君子之爭，較惡劣的則會暗中放箭。同行爭名望的方法，

有積極力爭上游者，也有消極拉人下馬的。參賽者爭名次通常都會按照規矩，少有互相傷害，但在比賽爭奪目標的過程中，也都要使出渾身解數，全力以赴。黑社會鬥爭地盤有的收保護費，有的是交易黑貨，或進行其他非法活動等。自己的地盤不容其他幫派入侵與占有，一旦有其他勢力侵犯過界，就很容易引發糾紛與爭鬥。

　　將社會性權力鬥爭當為達成其他目標的方法與手段看，最常見的有結夥成黨，壯大實力，使用黑槍或非法手段以達目的者，也有經由集訓鍛鍊的正規教育或社會化，藉以增強實力而達到成長與進步者。

政治面向的權力鬥爭

　　權力鬥爭以政治面向最為外顯與凸出，鬥爭也常是政治現象最重要的一環。政治鬥爭最常見存在於政敵之間，在古時皇權獨尊的時代，同朝為官的群臣當中，常會有忠奸兩派，互相爭鬥，贏得主子的信任與寵愛。在民主政治的時代，依例都組成政黨派員競選，贏者登臺執政。打從競選開始，不同政黨候選人就要使用文宣，或舌戰，攻打得劇烈火熱，選後又常在議會或媒體上爭得頭破血流，理性問政與治事者固然有，非理性死纏亂鬥者，也很常見。既使同黨不同派的成員，或同黨同派者的夥伴，為了政治利益，鬥爭激烈或暗中較勁者，也不無所見。最恐怖的政治鬥爭無非是在現代獨裁專制國家，各方的潛在政治權力者互相搶奪權力位置，甚至有對政敵治罪坐牢或施加暗殺的慘劇。也有在野的政治人物因不滿權力者，試圖政變，奪取權位，都會經過一場流血革命。

經濟面向的權力鬥爭

　　經濟利益常是權力鬥爭最實際也是最終極的目標，爭權的目的

都是為了奪利，而這種利益都是經濟利益。心理性的權力爭鬥或掙
扎常是為了獲取少許的經濟利益，或不甘少許的經濟損失而起。社
會性的權力鬥爭，也是常因實質經濟利益的得失所引起。政治權力
鬥爭也多半是為爭經濟利益為目標，政治人物於爭到高位之後，常
會想盡辦法利用職權貪污斂財，使能在退出政治舞臺後可享受榮華
富貴的物質生活。

　　純粹經濟性的鬥爭則常發生在兩個及以上的經濟競爭實體之
間，有者是個人，有者是企業團體組織，為了爭取經濟利益，在商
場上互相欺詐，互相使壞，甚至也常不擇手段，痛打對方，至其血
淋淋趴倒在地。

文化面向的權力鬥爭

　　文化性的鬥爭目標可能發生在有形的物質文化方面，以及無形
的思想、觀念、風俗習慣與制度方面。鬥爭的情況是將其摧毀或徹
底改變。近代社會最怵目驚心的文化鬥爭要算中共在 1960-1970 年
代的文化大革命了。此一革命先於 1966 年由毛澤東以革命之名攻擊
走資派，後組紅衛兵進行全方位的階級鬥爭，各地發生大屠殺，摧
毀傳統文化與道德，造成 2000 多萬人死亡，經濟受到重創，知識分
子成為被打倒對象，知識青年下鄉，不少政治人物身亡，至 1978
年鄧小平起而領導，才結束一連串鬥爭。

　　臺灣自 2000 年民進黨執政以後，有被指為去中國化的文化革
命。其實民進黨的文化政策曾經加強本土意識，推動正名運動，調
整課綱，並未毀棄所有中國傳統文化，卻被反對派人士指責為去國
化的臺灣版文化大革命。

最愛鬥爭權力的是貪婪者

　　試問世界上誰最愛鬥爭權力？我的答案是一些貪婪者。他們貪婪權力，貪婪金錢財物，也貪婪地位、權利等。為能達到他們所貪婪的目標，乃積極追逐或搶奪權力，以便實現。也有一些喜愛鬥爭權力的人，僅是為權力而鬥爭權力，他們視權力如生命，試圖得到權力，也只是為權力而爭鬥權力，有權力之後就可指揮他人、命令他人、駕馭他人，得到指揮、命令與駕馭的榮譽感與滿足感。政治領袖中就有不少是純為權力而爭鬥權力之人。但因權力常自然附帶利益，雖是只存心獲得權力不求其他利益者，也都會自動獲得比他人較多的利益，只是有時自己無意或不刻意去認知而已。

兩種類型的權力鬥爭方法

　　世界上的人心思有千千萬萬種，爭奪權力的細密方法也會有千千萬萬種，但歸納起來有如下兩大類極不相同的方式。將其性質的差異略作說明如下：

不公平不正義的獨裁鬥爭方式

　　這種權力的取得經過常要經由慘烈的革命與鬥爭，為求鬥爭的勝利，常會不擇手段，無所不用其極，包括使用毫無人性的殺戮方法，結果是成者為王，敗者為寇。勝者得權之後，使用極不公平也不正義的獨裁專權方式統治屬下，屬下受到不公平不正義的對待，必然也會極為不滿，試圖造反翻身，使用的方法也常是慘烈的革命一途。處於高位的權威者為能保護自己的權位，也常使用極為恐怖，缺乏人性的高壓政策或手段。

公平正義的民主鬥爭方式

　　這一種權力的取得方法相對較為公平正義，最常使用自己努力先取得聲望與成就後進而才能取得社會與經濟地位與權力。政治權力的取得主要經由參加選舉投票的過程。自己的社會經濟地位與權力是自己努力得來的，無人或少人能將之奪走。政治權力的取得必經由選舉投票的君子之爭得來，人人都可參加，但必先要有良好表現的口碑，才能得到支持。這種政治權位的取得常有一定的期限，想要繼續保住，在任期內必須努力回報選民，才能得到認同與支持。雖然民主方式爭鬥政治權力的方式原則上是公平正義的，但也難免會有人心存不軌，暗中使用不公平不正義的方法取得或護衛權位，像是選舉作票，或於掌權後經由控制司法情治單位來鞏固自己權位。但在民主體制下這種不公平不正義的手段不可能持續太久，終會被拆穿並破局。

爭鬥的後果難免兩敗俱傷或各有勝敗

　　權力鬥爭終會有個結局，重要的結局會有兩種不很相同的情況，兩敗俱傷，或各有勝敗。當使用鬥爭權力的方法太過慘烈時，其結局都很容易造成兩敗俱傷，誰也不贏，雖然表象的贏家也都會損失慘重。另一種爭鬥的結局是各有勝敗，有者是一方明顯勝利，另一方明顯失敗，也有的是一方在某些方面勝利了，在另些方面卻失敗了。對方則反是，你勝的他敗，你敗的他勝。通常勝敗雙方的反應會很不相同，勝利者高興，失敗者灰心。但若能知爭鬥權力的勝敗會有循環與相對性，勝利者也就不必高興太早，失敗者也可不必太過懊惱了。

天下大變

二十一世紀發生世界史上大瘟疫之一

　　我寫此文是因為要寫的是一項非常重大的社會變遷，雖然相關的記述已經不少，但當為社會研究者，不能不對親眼所見親身經歷的大事件記上一筆，否則有失職責與使命。在 2019 年底世界發生重大瘟疫，開始在中國武漢發現嚴重特殊傳染性肺炎，命名 COVID-19，英文名稱包含最早發現傳染病地點與時間的第一個字母，中文名稱則譯為新型冠狀肺炎。到了 2020 年以後，疫情迅速擴散全球多個國家，逐漸演變成全球大流行的瘟疫之一，至 2021 年 11 月 19 日行筆本文時，全球累計確診人數共有 2.56 億 61.3 萬餘人，死亡人數共有 513 萬 8200 餘人。至同時間臺灣共有確診人數 16,506 人，死亡 848 人。至今這次疫病的死亡數雖非史上流行病死亡最多的一次，最多的一次是在 1347-1352 年歐洲的黑死病，共死 7500 萬至 2 億人。但至此時全球死亡人數也已高達二次世界大戰總死亡人數 5500-6000 萬人的十分之一。疫情的嚴重性不可謂不大，其引發的各方面變動也不小。維基百科將各種影響歸納成 7 大項，即經濟、文化、政治、教育、環境氣候、排外主義及種族主義、假消息頻傳等。筆者擬從自己看到較為明顯，感受較為深刻的幾大方面，尤其是發生在臺灣的事蹟，另作呈現與說明。

百業受創

從總體看來，因為新型冠狀肺炎傳染的影響而受創的行業包括很多種，可用百業受創加以形容，在商業方面以餐飲、航空、旅遊、百貨零售業受創最深，這些商業就占經濟的很大部分，其他非商業非經濟性的事業受創的還有不少，包括社會性、文化性、教育性、政治性等活動都甚受影響，負面的損傷多，正面的益處少，如下舉出幾種明顯受到嚴重創傷的產業再細加說明。

餐飲業蕭條

一般市面上餐飲業者數量很多，分布廣泛，是民生最基本的事業，此業蕭條或崩盤，是各種產業蕭條或崩盤的底線。在新型冠狀肺炎傳染病發生之後，為防疫情感染，政府曾下令關閉許多餐飲場所，或限制人數密度，致使顧客無法上門，許多家庭或機關團體聚餐也自動停止。不少觀光旅館附設的餐廳因顧客減少甚至無人，被迫改為販賣外帶便當，或外賣與外送服務。一些習慣大型的婚禮餐會，被迫延期或縮小規模，臺灣的情形如此，不少外國的情況也同，造成各地傳統餐飲業的大蕭條。相反的在這期間外送餐飲業卻能逆勢成長，是這一行業變動的異數。

百貨零售業不振

受到疫情的影響，百貨公司的人潮銳減，公司內的生意也蕭條，其他地方的百貨零售生意因顧客較少出門，生意也一落千丈。臺灣的防疫法令規定相當嚴厲，出入百貨商店或零售超市等地，都要測

量體溫，登記電話或地址等連絡資料，造成顧客感到不便，也就減少上門意願與實際次數，影響其銷售業績。不少生意明顯變差的百貨業者，抵擋不住虧損，就此關門大吉。

航空交通與旅遊業萎縮

各行各業中受疫情影響而損傷非常慘重的另一種是航空交通旅遊事業。交通業以航空及遊輪受創最深，也因使用過這兩種交通工具最容易使人感染到流行性肺炎。搭乘飛機及遊輪的時間一般都較長，共同搭乘的人數很多，且大半是陌生的國際旅客，機上與船上都為密閉設施，這些都是容易感染的原因。跨國航行的人於入境時都要接受隔離約兩週，連服務人員都未能免，這些因素使原來喜歡或需要國際旅遊的許多人都裹足不前，一些郵輪停駛、班機停飛或減班，經營業者及相關產業的生意都一落千丈，損失慘重。

與航空交通最有關係的旅遊業包含旅行社、旅館業與遊樂業。這三項產業因遊客減少而減少業績的變化也非常明顯。在臺灣不少旅行社關門，多半的旅館生意變差，有一些變成確診或國際航行旅客的隔離旅館。遊樂場所也不得不關門或減少營業量。經過這些衝擊，使各相關行業不得不關閉歇業或改變經營方式，轉型經營者有如旅館業的餐飲服務改為售賣外帶餐盒或便當，同時也紛紛向政府申請紓困補助。在 2020 年至 2021 年前半年的一年半內，臺灣旅行社共有 66 家倒閉，有 2 千 2 百多家向交通部觀光局申請薪資及營運補貼。申請的旅館也有 2 千 7 百多家，民宿 8 千 1 百多家，這些申請者高達百分之九十餘都能獲得通過，觀光局共撥發 38 億 6 千多萬元。

各種休閒娛樂事業在疫情警戒期間也都被迫暫停，變得奄奄一

息。這類場所分成戶外及室內兩大類，重要的戶外娛樂場所有自然風景區、休閒遊樂區、休閒農場等，在臺灣規模較大的著名休閒遊樂區如六福村、月眉世界、劍湖山、頑皮世界動物園、義大世界等，休閒農場有上百家之多，渡假村也有不少。雖然到這些地方休閒旅遊，空間較廣，但還是難免有群聚的忌諱，加以各地餐飲業經營受到防疫的限制，都會影響遊客前往，不少場所祭出優惠門票，打折收費，仍難很快復原業績。

室內的娛樂場所包括歌廳、舞廳、夜總會、俱樂部、酒家、酒吧、酒店／廊、茶室、咖啡廳、KTV、卡拉 OK、理容院、電影院、三溫暖、蒸氣室、游泳池等，在疫情嚴重時期許多都關閉，業績歸零。違規營業者，生意也都不會太好，微解封之後生意都差很多。

群聚性社會活動停擺

新型冠狀肺炎經人的呼吸及口鼻眼睛傳染，近距離的群聚是最可能最危險的傳染途徑，逼使許多大小型的群聚活動都停辦。全球著名的各大例行運動比賽都被迫停辦或延期，其中原訂在 2020 年在日本東京舉行的奧運會延至 2021 年才舉辦。英國溫布敦網球賽、法國網球公開賽、美國網球公開賽、澳洲網球公開賽、美國高爾夫球公開賽、名人賽、各地巡迴賽、各地籃球賽等，有的停辦，有的不賣門票，有的缺乏觀眾。不少婚禮、畢業典禮、慶祝典禮等必然會造成群聚的活動，有的取消，有的改期，有的從簡辦理，都是 COVID-19 惹的禍，逼使人類群聚行為減少或改觀，社會關係也為之大變。

學校停課及使用視訊教學等變化

　　新型冠狀肺炎的流行對教育的影響也很重大與深遠，最嚴重的影響是學校停課及使用遠距教學兩項，對於學生學習效果減分。停課的學校從小學到大學都有，時間有長達一學期或數月，遠距教學本來在肺炎未流行之前僅有空中大學使用，肺炎流行期間各級學校都普遍使用，雖然這使師生都能熟悉現代化的遠距教學與上課的科技方法，卻缺乏面對面的互動，雖有一得，但缺陷與損失更多。

　　肺炎對教育方面的不良後果還有大專院校的外籍生不能回校報到，主要因為國際交通的限制，包括入境後需要接受隔離，以及乘客害怕在搭乘飛機時受到感染，影響國際間留學制度的推展，聯合國教科文組織公布世界學生受到新型冠狀肺炎影響的比率高達98.5%之多。與留學生學習受阻影響相近的是國際學術交流，包括國際學術會議，以及學者互換交流，都受到阻擾。

文化藝術的展覽參觀與慶祝活動減少或暫停

　　肺炎傳染病也免不了延燒到社會結構較深層的文化藝術事業與活動，跨國性的文化與藝術交流，藝術品的跨國性展示，都受到阻礙。世界各國的博物館、圖書館、表演廳等文化或藝術場所曾有不同程度的關閉。許多國際聞名的音樂家、美術家及其他文化工作者在防疫期間也都取消國際性的演出或訪問，不僅是他們本人的損失與遺憾，也使聽者或觀眾失望。

政治對抗與爭執增加

　　COVID-19 本質上是一項流行病事件，因為這事關係眾人的健康與生命，政府需要加以管理，也演變成政治事件。在許多政治研究者與媒體記者的眼中，瘟疫與政治的關係或其對政治的影響有許多種，包括影響群聚性政治活動的進行，如會議取消或改用視訊、不少政客染病或死亡、選舉投票時間改變、發生政治暴動以及其再使疫情死灰復燃、選舉勝敗的轉變等。政治對抗與爭執，最多發生於在野黨與執政黨之間，也有發生在人民與政府之間，包括人民與中央政府，以及人民與地方政府，甚至人民與人民之間。至於對抗與爭執的內涵約有下列數項：

對篩選確診的做法方面

　　這方面主要爭執在於從嚴或從寬，最嚴格的是做普篩，較寬鬆的是免篩。在兩者之間則是取一定數量篩選，包括抽選，或對於有某些特定症狀者加以篩選，如有接觸疫病懷疑者，或身體發燒者等。

對入境者與確診者的隔離方面

　　這方面的對抗與爭執也是在寬嚴的拿捏與掌控上，其中以一項因放鬆對航空機師隔離時間縮短而造成防疫破口引發的爭執最為嚴重。有此經驗，導致往後對入境者的隔離時間朝向較嚴格規定。

對禁止某些特定行業關閉規定的爭執

　　對於多種商業會導致群聚而加重疫情，政府中央防疫中心面臨實施關閉政策的問題。決定關閉會引起業者及護衛者以生計會有問

題為由,加以對抗與爭執。

對口罩的供應與使用方面

這項對抗與爭執發生在防疫初期,國內口罩的供應還未很充分之時,政府曾有外援他國口罩,引起反對者的抗議。這期間也有商人暗中自國外輸入劣質口罩販賣圖利,也引起消費者不滿。

對疫苗的取得方面

我國取得疫苗的時間比其他許多先進國家相對緩慢,數量也相對不足,中央政府這項缺失最讓反對者與人民詬病,對抗也最強烈。一般認為政府有袒護國產疫苗而延誤向國外採購足夠疫苗之失。此一爭執到後來日、美等友邦提供援助疫苗及政府追補採購而緩和,但採購疫苗價格偏高的問題,仍受到質疑與對抗。

對疫苗的施打方法方面

施打疫苗的方法由地方政府決定,不同地方政府的做法各有不同,其中爭執較大的是以臺北市的做法受到市民的對抗與爭執,不少縣市都採取造冊通知施打,臺北市政府卻要求市民上網登記申請等候通知的方法,引起市民不少抗爭,市民也表示對施打的環境有相對不如他縣市之嫌。

對因染疫而死者的處理方面

臺灣因打疫苗而死者不無其人,多半死者家屬也都能共體時艱,未追究責任,但有些死者家屬仍多少會有意見。對政府防疫單位的報告常以死者曾罹患長期病而死為由,人民嫌其不無過於推諉

塞責。

國際關係改變

　　這次因為疫情嚴重，使世界的政治局勢也有很大改變，最大的改變在於最早發生中國的疫情受到許多國家的質疑，多少導致其聯合反中。這種對抗的關係也與中國在晚近國力增強，試圖掌控對世界主導權有關。中國明顯掌控世界衛生組織（WHO），近來展開的一帶一路政策，以及戰狼外交，對許多國家造成威脅，乃也形成美中的貿易及政治外交對抗，不少國家也與美國聯手對抗中共。

　　COVID-19 對國際關係改變的最大影響也許在於因為國際間普遍擔心瘟疫感染會擴散，各國實施隔離政策，影響國與國之間人民的往來與互動減低，國與國的關係也降溫，互利可能減少，但衝突與緊張可能提升，能否轉危為安，就考驗各國政治領導者的能力與作為而定了。

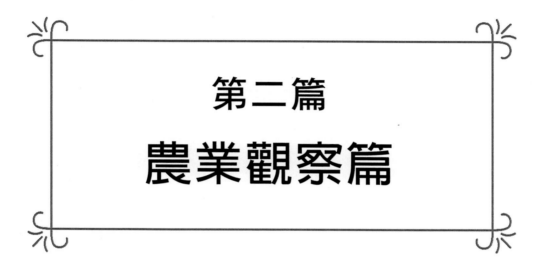

第二篇
農業觀察篇

後工業化時代農業與農村振興的
必要性與實施方法*

工業化與都市化造成傳統農業與農村蕭條

　　當今臺灣的社會已走到後工業化與後都市化的時代，工商產值占全部國家生產總值的絕大部分，大小都市人口也占全部人口的絕大部分。過去農業為主要產業，農村人口為最重要人口的日子已經不再，這時候的農業與農村顯得有些蕭條，不少農地已被變更用途，用作建造住宅、搭蓋工廠及經營休閒旅遊等。不少農村人口大量流失，住宅庭院空無人住，經久失修。公共設施有的老舊破損，無法利用，學校有的減班，有的關閉。為使農地資源不被浪費，農村不被消失，公共設施不被敗壞，國家與社會的發展也要能均衡圓滿，農業與農村乃極需要加以振興重建。

先進國家曾有振興與重建的經驗

　　世界農業與農村蕭條的經驗最先發生在已開發國家，如英、美、德、法與日本等國，這些國家都較先工業化與都市化，農業與農村也都較先發生過蕭條的現象，但都沒有完全被廢棄，後來都經過振興與重建，如今其農業與農村型態雖然改觀了，但依舊存在且生生

---

* 　本文原載《農政與農情》347 期，2021 年 5 月，62-66 頁。

不息。都值得成為較晚進入工業化與都市化國家與社會的借鏡。這些先進國家的農業最主要的改變是機械化，用機械替代人力耕作，在美、加地廣人稀的國家，農家一向獨立存在，但也有小鎮的聚落。在英、法、德國與日本等先進國家，工業化以後農村的聚落還是存在的，只是人數變少，範圍也變小而已。

臺灣與其他後進國家振興農業與農村的必要性

臺灣與鄰近的韓國等地發展的速度最為相近，開發時間都較晚，但目前也都已經進入後工業化時代，農業與農村都經歷蕭條與衰敗，也都需要振興與重建，先進國家的經驗都值得供為我們的借鏡。後工業時代振興農業與農村有必要性，重要的理由有下列幾點：

為維護國家資源

農業與農村都是國家的重要資源，農業具有多功能的性質，包括儲蓄地下水，調節人口分布，保護綠色景觀，與維護傳統的社會文化價值等，但最主要的功能是生產糧食，供給國民每天不可或缺的食物。雖然糧食也可向國外購買，但不如國內生產的新鮮、可靠與安全，也較能符合國人的口味與需求。農村則是孕育與護衛農業的場所與保母，也是國家文化與文明的發源地，以及發育與成長的場所，更是國家歷史與文化的重要根基與資源，難為國民遺忘，也需要政府與國家的維護。

為保障國家安全

農業因可生產與供應糧食，而可保障國民不餓肚子，戰時又是

軍糧的主要來源，有農業才能保障人民生命健康、社會安定與國家安全。不少後工業化國家常因工商業與其他便民的建設而傷及農地與農業，也相當於傷害國家潛在的安全糧食資源，實在要十分小心謹慎。在戰亂時期，各國對糧食管制嚴密，向外購買糧食不易，軍民需要的糧食依靠國內農業的生產供應，農業與周邊的農村及在村中務農的農民都是國家安全的重要維繫。農村也成為都市人口避難場所，在戰亂與經濟不景氣時期，農業與農村像是吸水的海綿，可吸收落難的市民，像是衣食父母，可保障國民的生命及國家的安全。

為照顧人民生活

在後工業時代，人民賺錢及生活的手段主要靠工業生產、商業與服務業，但因糧食是人民的生活必需品，故必要有一部分人民留鄉務農，生產糧食。有生產糧食的農民，才可照護所有需要吃食的眾生，弱小農民本身也需要得到照顧，常要經由消費大眾購買糧食，以及政府的特別幫助，才能彌補與減輕經濟弱勢者的困境，也才能與其他國民共存共榮。

為保存與延續可貴的文化與價值

農業與農村是國家傳統價值與文化的發祥地，保護農業與農村，也是保護國家傳統價值與文化的根基。農業與農村孕育與發展出來的可貴文化價值不少，重要者有崇尚自然、厚道、樸實、勤儉、刻苦、耐勞等。在講究追求利益與舒適生活的後工業化時代，尤其需要大家珍惜、追憶與維護這些傳統價值與文化，以免喪失可貴的傳統美德。

農業機械化的必要性與實施方法

必要性

　　國家社會工業化與都市化以後，農產業面臨的第一項挑戰是必須走向機械化，因為農業與農村人力大量外移而流失，農業若不轉向機械化，將缺乏人力而無法再繼續經營。農業機械化可以有效結合人力與農地資源，使農業經營可以節省勞力，也可使農地資源在人力缺乏的情形下還能繼續被利用與經營，繼續生產糧食等農業產品，供應消費者的需求。

實施分法

　　農業機械化必須要有幾項重要的條件與方法相配合，才能有效進行：第一，必須要有農業機械技術能力。社會工業化有助農業機械技術的發展，包括開發各種農業機械的製造、使用與維修技術。臺灣農業機械化發展前期的技術主要靠進口，逐漸轉為國內製造生產。農業機械的使用也必須要有適當的操作人力，最可能從青年農民中選拔產生並經訓練後變成。農機的修護也需要經由培植人才與投入資本。第二，必須要有合適的操作環境，其中最重要的是田間農機行走的道路。臺灣經過農地重劃的地區，田間道路的規劃相當完善，有利農業機械化的推展，但未經農地重劃的地區，農機的走動會較困難，必要研發較特殊性的農業機械為之應對。第三，要有適當的操作人手。目前農村地區的大佃農是最主要的農業機械操作能手，不僅可耕作自己的農地，還可代耕他人的土地，或租用他人耕地自己經營。第四，大學與研究機關必要發展技術研究，包括研究製造、修護與使用技術。第五，政府政策的支持。目前政府農政單位對農業機械化的支持不遺餘力，包括補貼購買農機費用，妥善

規定小地主大佃農制度，調訓農民對農機的使用與修護，都是有利推行農業機械化的政策措施。有上列這些配合條件，農業機械化的推展就可不太困難。

農業精緻化的必要性與實施方法

後工業化與後都市化時代農業革新的另一重要事項是農業精緻化。這種農業具備兩樣特性，第一是兼顧健康與精美有效益的農業產銷，第二是要時時研發與使用新栽培技術及消費方法。農產品，尤其是糧食產品，要能健康與精美，必要同時顧及消費者與生產者的需求與利益，如此才能使消費者願意消費，也才能使生產者願意生產，雙方利益均霑，國家也才能得到最大好處。但是精緻農業的技術不能食古不化，停滯不進，必須要時時經由革新，這要靠農業技術研究人員的努力，以及農民能勤勉學習與應用在生產實務上，消費者也能學習與應用在實際的消費上。

農業精緻化包括生產、運銷與消費全程，生產實務的精緻化是指使用精緻的技術與方法生產出新鮮、美好、健康、寶貴、精美的農產品，最常使用的方法有生物科技、網室栽培、水耕栽培、有機栽培等，生產者農民可獲得較好的報酬，消費者也可得到較美好與健康的糧食農產品。在農產品運銷過程中，最常使用精緻的方法與技術是儲藏衛生，包裝美觀、冷藏保鮮、安全保護。在消費的過程中則要注重食物等農產品的精緻搭配使用，使消費的結果更為營養衛生，也更美味可口。

更新舊農村社區的必要性與實施方法

後工業化與後都市化的農村常因人力流失，少人居住而失修，變成老舊破落。為免荒廢，需要修護與更新，重要項目有二，一是私人農宅，二是公共設施。這兩項需要修護與更新的事項，固然需要由私人自己花錢，但因為不少農民很窮苦，常無能為力，故很需要政府的幫助。

修護更新農宅

破落農村中有人居住的農宅太老舊者最必要修護與更新，無人居住者，若於修護後無用，無妨拆除後美化或變成空地，更新的辦法也有包含新建者。經過這樣修護與更新，可使農村社區的外觀煥然一新，村民居住與活動其中，都能更感舒適，也能較有精神。當前修護與更新農宅與過去最大的差別是，不必再保留養豬養雞鴨與養牛羊的空間。雞鴨與牛羊都改由專人專業飼養，多半的農家都已不再飼養，因此農宅空間也都變成乾淨衛生許多。

修護更新公共設施

農村社區中的建物與景觀也包括若干公共設施，重要者有集會所、學校、寺廟、廣場、道路、排水溝等。其中老舊不堪使用與有礙觀瞻者，都有修護與更新的必要，欠缺者則必要新建，費用仍需要部分由村民自付，部分由政府協助。晚近臺灣農村社區經過一系列的更新重建計劃，改觀不少，是村民之福，也是政府之光。

建造觀光旅遊村、古鎮與新社區的機會

　　在工業化與都市化過程中，鄉村地區也常有建造觀光旅遊村、古鎮與新社區的機會，這些觀光旅遊村的服務居民原本都是種田維生的農民，古鎮上的商家本來都是作周邊農民的生意，但當社會變成工業化與都市化以後，其中不少人謀生的方法變為要應對服務外來的遊客。由於不少在工廠工作的工人及長期居住在都市水泥叢林中的市民在週末及例假日都渴望到有綠意及較空曠安靜的鄉村地區渡假旅遊，休閒農場、休閒農業區、觀光旅遊村、古鎮及鄉間的景點、古蹟、民宿、小吃等，都成為市民及工人遊客喜愛的去處。近來鄉村的觀光旅遊設施由行政院農委會、交通部觀光局與文化部著力許多，不少原來種田的農民也兼作或改作觀光旅遊的商業或服務業生意，經濟生活水準明顯提升與改善。結合農業與觀光旅遊服務，也就成為後工業化時代的部分新農村景象。

　　另有一種新鄉村社區的興起是由在新設科學園區與工業區內工作的員工所構成，也有在城市的郊區經由規劃發展成新城的，這些新興社區的住宅與公共設施都比傳統的農村較現代化，具有分散大城市擁擠的人口與住宅的性質，但居民多半在附近的工廠或城市工作，因為附近農田腹地不大，發展農業的可能性極低。但這兩類新興社區空間的性質與傳統農村的孤立與安靜無異，現代化的設備設施條件卻都比較好，都可供為傳統農村實質建設的典範。

現代知識青年從農的難題與好處[*]

從農委會獎勵高中生從農方案說起

方案述要

　　本方案起於 106 年「獎勵高級中等學校農業經營科學生從農試辦輔導方案」，簡稱「獎勵高中生從農方案」。獎勵對象為當年度入學高級中學農業經營科成績優異學生（前 50%）每學期 5 千元之農業獎學金，於寒暑假期間完成農業職涯 20 天者，另給額外獎勵金 1 萬元，至多累計 40 天。此方案由農委會與教育部共同推動，至 110 年持續與 35 所學校合作。

方案的起因與重要性探究

　　這一方案的起因明顯有如下的重要三個：1、人力缺乏是現代臺灣農業發展的最大瓶頸；2、農地家產要人繼承；3、國家資源要人維護與利用。農業至今仍為我國的重要產業，雖然至 2021 年 1 季農林漁牧的產值僅占國家總產值的 1.56%，但至 2019 年底農業人口共有 269 萬，還高占全人口的 11.5%，也即有 11.5% 的人口仍依賴農業維生。國家的農業產值雖低，但依靠此業維生者眾，不能不重視並發展，但要發展則有人力缺乏的瓶頸問題，非要補充不可。社會與國家要由獎勵高中生從農，也因部分高中生來自農家，未來都可

---

* 　本文原載《農政與農情》351 期，2021 年 9 月，48-53 頁。

能繼承家中的農地遺產。有些農地目前價格不高，但都甚為寶貴，一方面是祖先遺留的珍貴寶物，二方面可能未來農地因稀少而變貴。獎勵高中生從農重要，也因農地是國家的重要資源，需要有人繼續維護與利用，來自農家的高中生是最可能繼承並維護利用的人。這種人比上一代的農民具有較高的知識水準，利用農地發展農業都會較有作為。

了解知識青年從農的難題與克服之道

　　受獎勵從農的高中生必須要能認清農業的局勢，包括臺灣農業的重要難題，並能知所克服，也要了解從農的好處，才能打從心裡接受獎勵，真心願意從農。若未能先對農業的性質有深覺大悟，將難以接受獎勵，則獎勵措施將難以展現效果。施政的政府部門更不能以為僅以金錢鼓勵政策就能生效，必須負起分析解釋清楚務農情勢的責任，使受獎勵的高中生心中疑惑消除，欣然接受此一措施。從農的真實情勢有必要由了解從農的難題開始，並知克服之道，就可減少疑慮。

難題

　　目前在臺灣從農主要的困難問題有五項，列舉分析如下：1、小農條件的經營難題：多數臺灣農家都是小農經營，依據農委會統計，在 2020 年 5 月臺灣全部農地面積共約 79 萬公頃，每一農戶平均農地面積約僅有 1.1 公頃，扣除農地非農用的面積，實際耕地面積更少，平均每農戶耕地面積 1 公頃不到，是典型的小農經營，其最大的問題是規模過小，缺乏效率，農家很難依賴專職的農業經營維生。2、農業生產難免有災害：臺灣陽光、雨水、氣溫等天然氣候大致有

利從事農林漁牧的初級生產，但天然與人為災害仍然難免，重要的天然災害包括水災、旱災、風災、寒害，主要的人為災害則為工業廢水與廢氣的汙染等。各種災害使農漁業等的產量減少，品質變差。工業汙水造成的災害還常會致使糧食農產品染毒，危害人體健康與生命。3、產銷會失調：小農的經營缺乏對市場供給的影響力，也有失對市場價格的控制力，常會造成產銷失衡，經濟損失。4、工商就業機會的誘惑與干擾：如今臺灣社會已到後工業化與後都市化的階段，工商就業機會增多，對青年農民產生很大的誘惑與干擾，容易挫傷其務農的意願。5、勞苦的工作本質：農業工作的本質靠體力，又常在野外工作，工作者必要經歷日曬、雨淋，風吹、寒凍等，相當勞苦。

克服之道

知識青年從農可能遭遇以上多種困難與缺失，必需要能克服。依照上列困難與缺失的順序，必要的克服之道如下所列：1、精緻經營：小農的小規模經營缺點最有必要由精緻化經營加以克服，也即運用在小規模的農地上投入較高的產銷技術與資金，生產與銷售較高價值的農漁產品，便可減低對土地的需求與依賴，也有可能獲得不差的收益。2、注意防災措施：要能減少各種農業災害的損失，知識青年農民必要注意防災措施。各種災害雖然都難逃避，但能慎加預防，必可使損失減到最低。3、多做農漁情研究分析與判斷，避免一窩蜂種植養殖：農漁業產銷失衡常因小農漁民一窩蜂種植與養殖相同產物，小農漁民極必要對農漁產銷情勢多加研究、分析與判斷，不輕易一窩蜂跟隨他人浮動起舞，便可避免因生產過剩或不足所遭受的傷害或損失。4、可多元工作與就業但要有堅定的務農信念：面對工商業就業機會多的引誘與干擾，從農的知識青年一方面無妨以

方便的方式兼差,獲得農業外收入,改善生活。但也要能有堅定的務農信念,勿輕易為外力所動,放棄務農本職,才不違背原本選擇從農的初衷,仍可繼續享有從農的樂趣與神聖。5、以吃苦耐勞克服農業工作的辛苦:農業工作的本質雖然相當辛苦,但其他任何工作又何嘗不辛苦,工商服務工作的勞心之苦可能還高過農業工作的勞力之苦。故當知識農民遇有勞動辛苦時,必須要能正向面對,將吃苦當為吃補,就能寬心,將苦克服,變成愉悅。6、幸有政府的輔導與幫助:從農的知識青年迎接各種克服務農的困難與缺失時,未必都能每事順利,所幸有政府的農政部門隨時在背後關切輔導與幫助,不至於會一敗塗地,只要能自助並有他人相助,從農成功的機會便可預期。

知識青年從農的好處

要使獎勵高中生從農成功,先讓其了解從農的難處與克服之道,而後再使其認識從農的好處,就能提升其務農的興趣與信心,達到成功的目標與境地。個別高中生畢業後從農的好處可從個人的好處與社會國家的好處兩大方面著眼:

個人的好處

多半的人樂意從事某種工作與事業,都會先考慮這工作或事業對自己有好處,而後再想及其他。被獎勵高中生從農對自己的好處,有些高中生可能會想到,有些可能未曾想,想不到,或想得不周全。下列是筆者以一個長期從事農業、農民與農村的研究者就觀察與意想到的幾點從農的好處,提供受獎勵高中生及其他有心人參考。

1、有收入的好處:將從農當成一種行職業,主要的性質之一是

能有收入，來源是依靠生產與出售農產品。農民的平均收入水準雖有偏低之虞，但若有相當數量的土地面積，並能做好經營，達到溫飽程度不會有太大問題。高中生若能及早看透人生要面對挑戰的真實意義及錢財如浮雲的性質，為何要因較少收入而妨礙人生之快樂呢？2、自由尊嚴的行職業特性：農業被定位是一種自雇的行職業（self-employed job），自己是傭人，也是老闆頭家，要何時上工或收工，沒人會管或打罵，自由自在，不失尊嚴，這是許多農民為能安身立命的最佳立基點。長期替人做工，常被老闆或工頭辱罵的工人，就更能感受這種有尊嚴又自由工作的可貴。3、務農的美麗情操與道德：務農的人穿著非常簡便，生活純樸，外表看起來粗俗，內心則含有純潔乾淨的美麗情操與道德，不欺人、不騙人、也不害人，因沒必要，也做不來。4、鄉居的好處：務農的人多半要在農場就近而居，農地分布在鄉野，農人也只好居住在鄉村。鄉居不如在都市的方便、熱鬧，卻能享受到寧靜、安祥、融洽、溫暖的多種好處。田園風光，詩情畫意，何異人間仙境，有何不好之處？5、勞動的好處：農業工作是一種勞動性高的工作，雖然辛苦，卻很神聖與高貴。從勞動中才能體會休息的價值真義，也可鍛鍊強壯的體魄，使生命更有活力。6、守護農地的價值：接受獎勵從農的高中生必備的條件之一是家有田產，需要有人繼承守護，從農的高中生遲早負有守護農地與家園的重責大任，對於個人、家族、社稷長存與發展的意義與價值崇高，也偉大。7、經營精緻農業的大有為機會：知識青年農民與傳統保守的老農相比，都有較清楚頭腦，較豐富知識，較進取的胸懷，是具備開創現代性精緻農業的繼任農民。不少現代知識青年農民都選擇經營有機農業或新興的精緻農業為發展之路，也都相當成功。8、少有工商與都市生活的累贅與負擔：現代人喜歡工商與都市社會的生活，但這種生活的累贅與負擔也不少，像是少有開闊的活動空間，瘟疫戰爭時少有躲避的場所，日常生活也過得

十分緊張與忙碌，少能安靜與沉澱，開車停車都不方便。從農的鄉居生活卻可獲得多種不同於工商都市繁雜汙染性高的生活方式，也不無許多好處。

社會國家的好處

務農的人除自己可得許多好處外，也可使社會國家得到許多好處，下列五項是重要者。1、供應國民每日所需的糧食與其他農產品：農業的最大功能與使命是生產糧食農作物，供應國民每日的需要。糧食雖然也可向外國購買，但有時有錢也買不到，外國的糧食有時也不安全，普遍不如國內農民生產的新鮮、安全、可靠。2、保護偉大的自然生態：農地是偉大生態系統的重要一環，有人耕種，可達成地盡其利，農地上就可去蕪存菁，不使雜草叢生，維護田園的美景，也可為土地儲存地下水，不使地層下陷。3、維護國安：國民常只認定軍力與外交才能維護國安，其實糧食更是國安的根本，一旦國家缺乏糧食，人民會坐以待斃，國之不安的問題也隨之發生。糧食供應要能安全無虞，必須要有足夠人力為之耕作經營。4、帶動農業創新發展：知識青年農民與老農相比，腦筋較靈活，見識較新穎，對農業的經營會有較新的看法，較有可能帶動農業創新發展。5、另類的護國神仙：我國近來以供應晶片而傲視全球，生產晶片的台積電護國神山，其法力之高，足可與世界科學強國交換難以購買的防疫疫苗。在此肺炎疫情猖獗之時，國家領導人似乎有意保護發展另一護國神山的高端疫苗，這類神山的營造有點顯眼，乃引發不少爭議。此時另有一種較隱含，卻很基本，又很需要政府保護發展的護國神仙，是人民的糧食及生產糧食的人力，也很需要政府加以注意與重視。

藉充分認識與了解提升並強化信心與意志

　　人類做事要能成功必要先有堅強的信心與意志，而堅強的信心與意志則建立在對所做事務的充分認識與了解上，才不會盲目或受騙。知識青年要能誠心願意捨棄工商與服務業而從事農業，固然可由自己摸索探究從農的可行性，但也需要政府與各界給其鼓勵與扶持，使其增加趣味與意願，加強信心，發揮達成生產糧食保衛國民生命與幸福的目的。

智慧農業發展的契機*

緒言

　　農業是一種很古老的產業，現代農業則面臨需要運用高科技高智慧的挑戰，政府倡導發展科技智慧農業已經多年，自 2017 年最高農政機關的農委會正式提出發展智慧農業的政策主張，至今已有相當時日與可觀的成效，但可再努力的地方還有不少，一些農民並不見得都已具備農業的智慧與能力，正當農業面臨工商業與都市發展的壓力，更加困難經營之際，需要運用智慧的程度也越提升，對此理念與實務也必要再多加宣導與發揚。

　　前文〈現代知識青年從農的難題與好處〉，文中提及知識青年農民面對小農經營的困境必要轉向精緻化經營，投入較多科技與資金在狹小規模土地上，對於投入科技智慧僅點到為止，未做較深入討論，經友人指點可提示年輕一代農民如何利用人工智慧（AI），提升農業水準，令我感到必要再開闢本題目對智慧農業發展做一番較深刻的探討。回顧《農政與農情》雜誌在 2019 年 8 月出版的第 326 期，對這種農業的推動有過專刊報導與討論，且在實行方面也已訂立《有機農業促進法》以及《農產品交易法》等，供為推動依據。在此本人僅就感到重要也需要補充的理念加以論述。

---

*　　本文原載《農政與農情》352 期，2021 年 10 月，38-42 頁。

智慧農業人力與人才的來源基礎

實際運用與發展智慧農業的人是農業人力與人才，自古以來經過農民的操作經驗與改進，以及農業技術專業人員的用心研究，農業智慧不斷累積增加，往後新智慧的開創與運用還是要依靠研究人員與農民繼續努力參與，也成為智慧農業的主要來源基礎。這種智慧要能較快速開花結果，研究人員需要能更廣泛吸收科學智識，應用在發展農業生產技術等事務上。農民除了接受應用新農業科學智慧在實際操作上，更要多用心思考各種可能的技術創新。技術專家與農民之間也還要有農業推廣人員作為媒介，有這些人才與人力的來源基礎與努力，農業智慧或智慧農業便能更有效提升與發展。其中新投入農業的知識青年農民，必定會是一股發展新農業智慧的重要力量，因為這種智慧攸關他們的生計與前途。

開創高價值的產銷技術與方法的智慧目標

智慧農業以能開創高價值的農業產銷技術與方法為主要目標，經由發展這些新技術與新方法達成提高農業生產量與生產值，增加收入，改善生活，也可提升產業的競爭力。廣義的農業產銷技術與方法智慧，不僅限於自然科學的，也包括人文社會科學的。有關自然科學性的農業技術智慧，過去大家較不陌生，主要建立與依賴在生物科技的智識上，農業研究機關與農業改良場等都以發展這類技術智慧為努力目標。農業的人文與社會科學智慧則常較被忽略，以為其與智慧農業較無直接關係。農業在生產階段應用生物等自然科學智慧可能較多，但到銷售消費階段，可應用的人文社會科學智慧則相對不少，其中較重要的人文智慧是要走向更為合乎人性。生產

技術採用機械化，節省人力，減輕勞動的辛苦就是合乎人性人文的生產技術智慧，加工與調配合乎消費者需求與口味的農產品，也是適合人性人文的運銷智慧。各種農業生產與運銷組織團體與制度的設立與運作都是重要的社會科學智慧，這些人文與社會科學智慧都潛藏未來發展智慧農業的重要契機與願景。

其實任何新智慧的開發都不可依循舊思維，過去未曾有的經驗與成果常是未來可觀發展新智慧的重要方向，農業科技研究人員與實際務農的農民人力與人才必須要有此思維與眼光，才能創造出前所未有的可觀智慧，將農業發展推向更高的層次，開發更高的價值，使智慧農業的政策與運動更加發揚光大。

農業智慧應多元發展

農業智慧的發展應該是多元的，多元的目標除了應該包含自然科學智慧與人文社會科學智慧，還應從農業構成的多項元素與農業多種過程去尋找與開發。過去已經被發明與發現的技術智慧已經不少，都值得將舊方法重新嘗試，看看能否找出更加有用的新技術新智慧，尚未被發現的新技術與新智慧更需要努力去探索創造、發現與發明。依照農業構成的要素與運作過程，列出如下的要點，或許可供為任何有心研發農業新科技，發展農業新智慧的人較方便尋找的依循脈絡。

農業構成要素方面可能開發的新技術新智慧

1、基地要素：這類要素的相關智慧包括適當地點、面積、相關區位的辨識、取得方式、配合設施等，在這許多方面要做適當的選取，都要具有許多智慧。

2、原料要素：包括土壤、水、肥料、飼料、種源等，各種細項要素的相關智慧也很多，像是對土壤性質的了解、利用、改良，水的來源、品質，注入或使用時間與數量，肥料的來源與使用，飼料的調配，各種資源的取得與改良等，都包含多種知識與智慧，應為智慧農業經營者有所知，並會應用。

3、氣候要素方面：包括陽光、風、雨、雷電、霜、雪、冰、雹等，樣樣都會影響農業與人命，智慧農業的經營者也都要知所應對，才能避開傷害，得到安全。

4、人力要素方面：這方面的智慧包含對量與質的了解、取得、使用、維護、改進等。農業經營者本身是重要的人力，也可能利用到其他人力，但都要行為與利用得法，才能合乎智慧。

5、資金要素方面：農業需要資金，取得、分配、利用資金都要精打細算，才能比較符合智慧。不浪費、不冒險，也不損失，才較有效率，較安全，也較有利。

6、技術要素方面：農業技術包羅萬象，涉及到許多方面，關鍵的技術是生物性的，這方面重要者就涉及到育種或品種改良、栽培或飼養、除草、除雜、病蟲害或瘟疫防治等。此外也涉及物理化學技術，像是灌溉排水，建造設施，施肥用藥等。各種技術的學問都很高深，有人研究一生都難知全，一般農民更難具備，但要成為智慧農民，不得不認真學習，非要得知一二不行。

農業運作過程方面可能開發的新技術新智慧

農業經營就過程方面分大約可分生產、加工、運銷、消費等階段，要使農業超越原始傳統型態，進階智慧層次，增加價值，提升競爭力，在每一階段或過程都要注入技術智慧。在每一階段或過程都可以也應該參照各種元素，施加各種適當智慧與技術，改善農業

品質。就近來農業科技在各過程或階段所推出的新技術新智慧略作舉例，作為示範，也供為應用與啟發。

　　1、生產過程方面：這方面新發展的技術與智慧為數可能最多，重要者有為節省人力並提高效率的各種農業機械的創造與使用，包括大小不同農機或農業機器人。設施農業的推展，菇類菌種及各種果菜作物新品種的研發，新效能農藥的使用等。這些新方法與新技術使生產者農民都能獲得實質的經濟利益。

　　2、運銷過程方面：這方面的新智慧約可分兩大方面認識，一方面是新運銷制度的建立，像是共同運銷、直銷、宅配等。另一方面是包裝器物或設備的改良，像是紙箱的普遍使用，以及冷凍運輸技術的設備，都能保護農產運輸的安全與新鮮，生產者與消費者都能得到好處。

　　3、加工儲藏方面：這方面最明顯的進步要數食品加工，發展多元化產品，變化添加物，及改良包裝等。

　　4、消費過程方面：這一環節或過程的新方法與新技術也有可觀的發展，較明顯的有超市與便利商店的普遍化，食材製品多元化，生鮮供貨，食品安全驗證，發展農產品國際貿易等。

結合研發與應用的重要

　　智慧農業的發展既要顧及研發，也要顧及應用。有研發工作，新技術與新智慧才能較快速出現。向來農業科技的研發主要靠高等學術研究與教育機關，如中央研究院、各大學及研究所還有農林漁牧業試驗所與改良場等。有人應用研發出來的新農業科技與智慧，研發的結果才能落實，後繼的研發力量也才能增強。

　　應用農業新科技與新智慧的人則有廣大的農民、農產品加工業

者、農產運銷商以及消費大眾等。今後智慧農業要能繼續往上推升，仍然要兼顧也要結合研發者與應用者雙方面，且要使兩者的關係更加密切，兩者才不會脫鉤，才不會不切實際，農業新技術與新智慧的進步才能更為迅速，更有績效。

工業界的研發經驗可供借鏡

在此科學發達技術進步的時代，各行各業的智識與技術發展都甚快速，稍具規模的工業機構為能快速有效求新求精，提升競爭力，都會自設研發部門並投入可觀的資金從事研發工作。我國小農制的家庭農場以及小規模的農產加工與運銷單位常缺乏能力自設研發部門，從事研發工作。農業科技的研發只能依靠政府公部門設立專門機構進行，投入的資金人力也難與工業界相比擬，進步的速度相對就比較緩慢。如果農業界的實際從業者也能像工業界有親自參與研發工作的機會，從切身遭遇的問題或實際需求中吸取經驗，參與研發，解決問題，滿足需求的知識、方法與技術，則農業科技與智慧的進步將會更為快速。農業或許就不至於演變成為夕陽產業而逐漸沒落。在此我衷心期望主管科技發展與農業發展的部門也能認真考慮鼓勵具有相當知識程度的青年農民加入農業科技與智慧的研發，由匯集經營相同類別的農業工作者，分門別類，集體共同研發實際有用的農業技術，累積農業智慧，使能加速農業的進步與發展。

農業療癒心靈的功能*

緣由與農業的操作定義

緣由

　　我選此題目做一番小小研究因為兩個緣由，其一是學佛的朋友提到近來佛學界對心靈療癒的研究甚感興趣與重視，這位友人是大學時代的同學，年紀已經一大把，卻回頭當學生學習佛學，津津有味，不得不佩服，催我也想參與其中。我想近來人類重視身心靈健康，可能是因為身心靈疾病不少之故，極需要療癒。其二是，近見專攻園藝學的朋友在大學開授園藝療癒的課程。我非專攻園藝學，但對於園藝學界朋友將其視野擴大到療癒領域，也感稱奇。於是我也想以曾是學農的學生，將農業與療癒加以結合，略做研究，也算對一向感到重要的農業多功能概念推進一步，除能供應糧食、美化景觀、調節氣候、保護水土等功能之外，還可增加療癒心靈這一項。

操作定義

　　本文所指的農是取廣義的範圍，包括農林漁牧等，所指的業也包含農耕生產至農產消費的廣泛過程。取這廣義的涵義，可將農業的療癒功能看到較多較廣的境界，也能較為完整。

　　農業療癒的首要功能著重在糧食產品可以提供營養成分，療癒

---

*　本文原載《農業推廣文彙》第 66 期，2021 年 12 月，17-20 頁。

身體，這與療癒心靈的功能有關，但並不相同。身體的療癒與健康是實質有感的，但心靈的療癒與健康則是較抽象的，也較虛幻的。心與靈也非完全相同一致性，心包括生理的心臟及心理感知、意識、態度等心理要素，靈則常超越心理之上，被宗教界人士視為包括人死後的精神與感覺，這種靈就遠遠超越人生在世時的心理感知與意識。但本文對心靈的界定只限在活人心理上的精神感知與意念，並不涉及人死後的靈魂。為能減少麻煩與混亂，對於活人的心與靈也不再做分割，而視之為相通的意義。

農業景觀調和自然心態

農業的第一項心靈療癒功能在於美麗的景觀能調和人類的自然心態。各種農產物在初長時都是遍地綠色，成熟時則呈金黃色，這些色澤與景觀雖然不及特殊美麗的遊憩景點，卻都能令人見之有美感，也順眼，心胸感覺自然調和。華人種植最多的水稻與小麥都曾有音樂家作曲寫詞，稱讚稻田播種景觀與麥田裡麥穗隨風搖動畫面的美麗動人歌謠，讓人歌唱起來順心愉快，也增添視覺上的美麗與舒暢。

農產特性培育順應天命

農業生產的重要特性之一是農作物都要經過一定天時運作，需要經歷一定的時間，吸收足夠的水分、養分及陽光，才能生長成熟，不能投機取巧，拔秧助長。農作物普遍暴露在野外，也要經得起風吹雨打，培育過程都得順應天命，不可違抗，與天作對。這種成長過程的特性給人無限的啟示，也能癒療人類違背天命的毛病與缺

陷。人生在世內心深處必要藏有天的存在，天命難違，違抗必遭天
譴，以能順應為宜。

農地要素與可貴農產品容易引人冒犯浪費進而可療癒暴殄天物的弊病

　　農地是農業生產的基地，農民利用農地生產農業產品，供給人
類需要的糧食，相當可貴。當糧食充裕時，人類常會糟蹋寶貴糧食，
也間接損傷寶貴的農地要素。糟蹋浪費之後常可經由反省或被指責
而逐漸恢復對農地及農產物的寶貴加以珍惜，療癒暴殄天物的弊病。

農業勞動使人吃苦耐勞療癒懶惰惡習

　　農業需要投入勞動要素，農民是主要的農業勞動者，多數小農
國家的農民都需要吃苦耐勞，不怕風吹雨淋，在太陽光下努力工作，
才能獲得溫飽。也因此農業勞動的美德使農民普遍擺脫也療癒了懶
惰的弊病與惡習。勤於勞動，雖然也容易勞累積病，但有充分足夠
的勞動也可促進身體健康，並鍛鍊勤勞工作的德性。

糧食產品維護寶貴生命使人知所回報天地之恩惠

　　人類的糧食絕大多數出自農業生產品，維護眾生寶貴的性命，
人類也由吃到食物而知天地賞賜，缺乏上天賜予風調雨順條件，或
缺乏地母供給作物水氣與養分，糧食就難能生產，生靈必然塗炭，
人類饑荒難免。天地恩賜我人類予糧食，療癒我人類飢餓，救我人

類苦難，也使我人類能提升道德感，能知農業之可貴，並知感謝天地之恩惠。

農業合作組織行為療癒自私自利與競爭衝突的心理矛盾與病態

農業的合作行為行之已久，早時常見的重要合作性農業行為，包括農民互相換工、農業金融的合作流通、農業生產、運銷與消費合作社的設立與運作等。今日的重要農業合作組織行為有農業共同產銷、農業產業聯盟、各種農業團體組織的形成與運作，其中農會組織是由政府輔導數量很多普遍存在的農民合作組織團體，執行多種農民合作事務，發展農業，造福農民。

合作對抗競爭，也與自私自利衝突矛盾相對立。因此合作農業組織行為可以緩和與療癒許多不健康的心靈病態，發展正面健康善良的人性，使人活得更有尊嚴與價值。

農村與農家最能固守傳統美德療癒浮華奢侈文化與風氣

農業分布在農村地區，以農家為經營單位，農村與農家相對於都市與市民家庭都較保守，不無缺點，卻有固守傳統美德的優點，重要的傳統道德很多，其中重要的一項是生活簡單，不浮華奢侈。較能容易滿足，也較少因為貪婪而喪失尊嚴或觸犯法網。將此美德傳播給都市及市民家庭，則可嚇阻並療癒其相對浮華奢華的文化與風氣。

自農村外移的遊子由聽聞思念故鄉的曲子最能療癒思鄉的無奈與失落的心情

　　早前多半的人都家居農村務農，後來教育進步，社會工商業與都市發達，鄉村的人外移到他鄉的很多，過去辛勤刻苦的農業工作及農村生活讓他們刻骨銘心，永遠難忘。當聽到周添旺與楊三郎合著的〈思念故鄉〉一曲，或由文夏等主唱的〈黃昏的故鄉〉，都會勾勒思鄉之情，也最能療癒他們遠離故鄉的無奈與失落。

蒼翠幽靜森林孕育清靜超然的佛性與佛道療癒人性的卑劣與低俗

　　林業是廣義農業的一環，林場是樹林生長茂密的地方，形成蒼翠幽靜的森林，很能孕育清靜超然的境界，適合學佛的門徒潛心修習。自古以來許多名寺古剎都建立在林蔭蒼翠的深山中，莊嚴而超凡，置身其中的僧尼等出家人，都能較容易六根清淨，擺脫人性的卑劣與低俗，使心靈高聳齊天。

　　現代人類喜歡旅遊高過喜歡靈修，專司設計導覽旅遊的公司與專家常設計在森林地區當為遊客療癒身心聖地，讓遊客浸潤在濃密的林木中，充分享受寧靜與安詳，洗刷人間煩惱，吸收靈氣，活化腦力與思緒，再造生命的泉源。這種旅遊療癒的安排頗受遊客的歡迎，愛好者眾多，成為煩躁工業社會的一種修補身心健康的重要活動，也使勞苦工作之後能夠喘氣與休息，培養再出發工作的精力。

休閒農業的發展促進療癒效果

工商業化與都市化發達的結果，工人與市民對綠色休閒農場與農業的需求大增，不少農場轉向休閒經營，原來以生產農產品為主要目的之農場紛紛改變經營方式，提供農業生態觀賞、教育、體驗、品嘗、採購、玩耍、會議、住宿等多元休閒活動節目，吸引不少工人與市民遊客，以及工商機關，常以全家或團體光顧，增益休閒效益，也提升農家收益，改善農業生機。到過休閒農場的遊客不僅能舒暢筋骨，也能開展胸懷與心靈，充分達到休閒的目的。

佛教徒由親耕自食其力提升靈魂境界

通常在靈修或遵奉佛教的寺廟尼庵聖地周邊都有一些空地，供寺廟或尼庵中的出家人栽種蔬菜果樹，補充食物與營養，信佛的出家人也都能努力耕耘，獲得生產，自食其力。由自己獻出勞力，得來食品，供養自己。這種減少依賴他人取得所需的勞動體驗與實踐，甚能提升靈魂境界。對於增進信佛學道者的功力與成績也大有幫助。

藥用及特效作物療癒身心靈大有功效

農業產物中有許多種特別具有藥性療效或特殊效用者，各種中藥、調味品、香草、花果等都是比普通農作物還珍貴之產物，常被農民或藥商非常細心加以栽培。消費者使用特殊作物或植物之後也都能獲得非常特殊的療效，有的可以治病，有的可以爽身，有的讓人聞其香味而陶醉，也有的見其美麗的形狀或顏色而愛不釋手。過去這些特殊的珍奇作物或植物常是野生，近來則有不少農民知其珍

貴，加以人工栽培，產量增多，能夠發揮的療癒效果也大為增加。

農業的療癒角色不像藥物與食物直接見效而是比較像抽象性藝術品

　　農業療癒人類心靈的功效不像藥物與食物，比較像藝術品。雖然農作物中有一些藥用作物，其藥用功能也與人造藥物無大差異，比較確定性。但更大範圍的農業所包含的產物與非產物的活動過程與組織等，其療癒心靈的功效就比較像藝術品，會因人而異，有人看過藝術品後，或聽聞音樂藝術之後，無動於衷，未能感受到美妙。但有人看後或聽後會如獲至寶，如醉如痴，非常欣賞，永遠難忘。也有人看後會嫌東嫌西，視之如俗物。能夠欣賞，並發揮療癒心靈功能者，除了農業真正具有真實美好的價值，也因鑑賞者具有足夠的眼光與能力，並能誠心取其所長，才能感受其美好的功效。

農業的療癒效能需要宣導與推廣

　　至今許多的人都還僅知農業是提供糧食的來源，很少人會注意與理解農業的多功能性，更少人能認識與了解農業也具有療癒的功能，除了身體上的療癒，還有心靈上的療癒。要使人們都有此認識與了解，需要更多經驗研究問世，更需要將寶貴的實際經驗與認知宣導與推廣，讓更多人了解也嘗試農業療癒心靈的好處，使能更加愛護農業，也能使心靈的感受與程度更加提升，這不僅是個人的進步，也是社會的進化。

臺灣農業精緻化素描

官方對精緻農業的定義發展的必要性及成果的宣示與本文的撰寫目的

　　精緻農業一詞是早在 1979 年余玉賢就任行政院農委會主任委員時提出的農業行政重心與口號，初提出時曾引發社會不少討論，對於相對的英文用詞意見不少，難下定論。至 2009 年時農委會再度推動精緻農業健康卓越方案，成為行政院六大新興產業方案之一。當時農委會主委是陳武雄，行政院長是吳敦義。前後兩位農委會主委推動同一政策，除了客觀環境的需要，也不無因為兩人師出同門，後者有追念前者而持續推動之意。在此方案下對精緻農業所下的定義是指高品質農業，也即資本技術密集，產品優良，符合衛生安全要求，具市場潛力，又能兼顧維護生態環境之農業，這種策略還是往後臺灣農業發展的重要發展方向。

　　依據精緻農業健康卓越方案，設定三大目標，即 1、健康農業——深化安全驗證，打造健康無毒島；2、卓越農業——領先科技研發，打造卓越科技島；3、樂活農業——重塑農村風情，打造樂活休閒島。三項目標的重要措施是 1、健康農業，包括（1）新科技研發，（2）新經營模式，（3）新市場開發。2、卓越農業，包括（1）新科技研發，（2）新經營模式，（3）新市場開發，（4）智慧財產加值運用。3、樂活農業，包括（1）深度旅遊，（2）產銷農業精品。

　　政府對於推動此一政策的重要說明理由是，為應對國民所得提高及經濟結構轉型，國民消費習慣改變，也為應對外界環境變化的

需要，包括加入世界貿易組織，世界糧食供應數量與價格不穩，維護生態環境的必要等，對農業必須改革創新。這些背景理由都甚重要。

臺灣精緻農業的發展成果在推動初期就相當良好可觀，重要者包括在健康農業方面自 97 年至 99 年的兩年內，吉園圃（後來改名產銷履歷驗證）生產面積成長 52%，有機農業認證合格戶成長 71%。在卓越農業方面，蘭花、石斑魚、觀賞魚、種苗、種禽等，都有可觀的發展。在農業樂活方面，增設農漁休閒設施，開發許多農業精品，如茶葉與水果酒等。從此精緻農業在臺灣逐漸茁壯並生根。

我對精緻農業有此基本認識之後，再寫本文的主要目的是從農業研究者及農產品消費者立場對所見所思的精緻化農業經營過程與類型的加以闡述，希望可增讀者對此事的了解與重視，並配合推動與發展。我將重要的精緻化農業經營過程分成四要項，即資源的利用與維護、生產、加工運銷、消費，將精緻化農業經營種類分成主要糧食產品、園藝副食產品、漁畜副食產品、休閒觀賞產業等。

農業資源利用與維護的精緻化

精緻農業從農業經營過程看不能忽略四大步驟，首要步驟是對農業資源利用與維護的精緻化。重要的農業資源有土地、資金、人力與技術，發展精緻農業必須先對這些農業資源作精緻利用，更要善加維護。精緻利用土地的重要方法有二，一是精密利用，使用最少面積農地，生產最高產值的產品，二是安全利用，不使農地受到汙染與毒害。精密利用的途徑也有二，一是室內或網室栽培，二是生產高價值產品。資金的精緻利用，相對投入較多資金，目的在能對其他資源作更合適的配合，生產較高產值的產品。人力的精緻利

用方面，一方面將可貴人力盡可能精簡利用，也朝使用機械替代人力的利用方式發展。技術精緻化的改進與發展最為突出，從品種改良的科學技術到生產運銷及消費的經營技術，都應改進，經由技術改進擴大經營規模，增加產值，使農業與工商產業的競爭力增強，能在高度工商業化過程中較容易生存。

農業資源的維護最要緊的是對於較稀少的農地資源以及逐漸缺乏的農業人力資源的維護。農地與農業人力被工商業併吞與摧毀的速度相當快，極需加以維護，維護的方法主要有三，一是禁止或減輕被併吞與毀滅，二是保護品質不被汙染，三是經由獎勵而受到維護。過去在推動精緻農業發展的過程中，這三方面的維護的功過都有，較脆弱的是在抵擋工商業的進逼與威脅方面。

農業生產的精緻化

晚近臺灣農業生產精緻化的實績大家有目共睹，不少新產品問世，原有的許多農業生產也提高效率與品質。在官方的報告中很強調產銷地驗證及有機農業認證的農產品增加了，另外，機械化生產、設施農業、地方農特產品的推出，也都是很明顯的農業生產精緻化表徵。

農產品加工運銷的精緻化

在所有農業經營過程的精緻化以加工運銷的精緻化最為突出顯著，生產過程常因自然條件難用人為控制，使精緻化受到限制。但在加工運銷的過程，幾乎可以完全以人力智慧加以控制與操作，改變最大，精緻化程度也最深。幾乎各種農產品都有不僅一項的加工

品，目的在適應與提升消費者的需求。也幾乎所有的農產品在運銷過程中的包裝都有很大的革新，較大件的包裝使用紙箱，較精緻的包裝則使用塑膠袋盒、紙袋盒、鋁罐、玻璃瓶、冷凍、太空包等。包裝後比較小巧玲瓏，更加美觀，更符合消費者需求，也可賣給消費者賺更好價錢。

農產品消費的精緻化

農產品消費的精緻化得力於消費商與消費者，包括食材與最終消費品更加精緻化。消費商包括各超市、雜貨店及料理餐廳，消費者以家庭及個人等單位，也都能隨包裝精緻化而作較精緻的消費，使飲食也較有品味。近來一般消費者收到農業及健康飲食等各種較為精緻消費的資訊很多，在飲食的精緻方面改善不少，不僅提升品味，也增益健康。

主食農產品的精緻化

農產品中主食是每天不能缺少的項目，國人一向的主食有米、番薯與麵食，近來番薯已經不再是主食，麵食的麵粉原料都由進口，米是唯一土產的穀物主食。這項主食的精緻化以小包裝米最為突出明顯，在零售市場，尤其是超市，常見的小包裝米，從最小的 1 公斤到最大的 4.5 公斤裝，大小不同的重量不下五、六種，品牌從西部到東部生產地也不下十種之多。這些小包裝米方便選擇、攜帶與使用。米的精緻加工副產品也有許多種，從可飲的米漿，到也可當成主食的米粉、米粿、碗粿、米苔目，以及可當為零食的米果等，種類都有不少。已經不被人當為主食卻成為可口副食的番薯，精緻

的產品種類也很多，包括火烤的、蜜餞的、油炸的、冰凍的等，種類繁多，每種的附加價值都增加不少。

園藝副食產品的精緻化

園藝副食品主要有四大類、蔬菜、果品、茶葉、藥草等。蔬菜與水果較大部分都為日常副食，重要的精緻化在於包裝與無毒、健康、衛生等方面作改善。經過加工可當為較持久性的品嚐副食者，也在式樣上作了許多精緻的包裝，方便儲藏。茶葉在人民生活水準普遍提高的過程中變成為非常珍貴的副食品，精緻包裝與飲用品嚐的精緻程度也最深，市場價格也不尋常的高貴。不少茶農與茶商都能因生產與銷售茶葉而致富，善於品嚐茶味的消費者也可提升人品地位。藥草的園藝作物當為藥用，療癒身體與心靈，非常珍貴也精緻。

漁畜副食產品的精緻化

漁產品與畜產品的精緻化，一方面因有專業的漁業與畜產改良研究，也因消費者要求水準提升。在魚業生產的精緻化方面，除了前述官方重視的石斑魚及觀賞魚的養殖有突破性改善外，捕魚與養魚事業的精緻發展，以及魚產品加工運銷與消費的精緻發展也都很可觀。近來漁業行政與研究單位推行智慧漁業，利用 LED 集魚燈，吸引魚群捕魚，使用 AI 技術，對在魚塭養魚養蝦進行環境監控，減少人力，提高效率，增加產量，也可圈可點。

休閒觀賞農業的精緻化

　　為應對國人提高生活品質，增加對休閒旅遊的需要，農業部門開發不少休閒農場及休閒農業區，為遊客消費者提供觀賞，旅遊、休閒、餐飲，住宿，教育、體驗等功能。使農業除供應糧食需求，吃飽肚子之外，也提升到造化心靈的精神功能與目的。至 2019 年底全臺灣合法登記的休閒農場共有 370 家，休閒農業區共有 95 處，遍及各縣市，方便國人在境內休閒旅遊。

多種人配合推動的困境與克服之道

　　農業精緻化由政府發起，需要全民的配合，才能有效發展與成就。所有需要配合的人約可分成四大類：農業生產者、農產運銷商及工作人員、消費者大眾、相關的研究及管理人員等。這四類人分別從不同角度，扮演不同角色，配合精緻農業的發展。但是各類人在配合發展時，都會有不便的困境，也需要克服，才能配合成功。如下略為分析說明各類相關人在配合上的困境及可以克服之道。

生產者的困境與克服之道

　　農業生產者面對精緻農業有兩種可能的困境，一種是年老力衰的生產者，已無體力及精神經營精緻農業，這種生產者對農事的適應對策有的是委託他人代耕或經營，有的是粗放經營。另一種是知識青年農民，經營精緻農業意願高，卻有資金或土地短缺的困境，常以貸款與租地方式投入經營，不無成功者，但也有失敗者。會失敗有因大環境不良，或因本身缺乏部分投入因素，造成經營上的困難，也需要由增進決心與學習多加克服。

運銷商及工作人員的困境與克服之道

運銷商及工作人員可能遇到的困境可能來自生產者、本身及消費者等三方面，生產者供貨不穩或不安全，本身經營不善，消費者對精緻農產品需求不高，付不起較高價格，都會阻擋銷路。這些困境部分可由本身努力克服，部分則需要他人的配合才能克服。

消費大眾的困境與克服之道

消費大眾面對精緻農業的困境，主要發生在對精緻農產品的需求意願會不高，有因嫌棄精緻產品的品質不實，也有嫌棄價格偏高，而不願購買消費，都會影響對產品消費的遲疑，可由增進對產品優點的認知，及增加收入，提升購買力，加以克服改進。

行政與研究人員的困境與克服之道

精緻農業會受到農業、衛生、環境等多種行政人員的管理，也受多種研究人員的誘導。這些相關人員可能會因為工作性質麻煩或酬報不如自己所願，而有放鬆毅力不夠投入等困境，有必要由自己的心理建設及由外界的鼓勵而獲得助力，努力參與配合這種優質農產業的發展。

農業的生命共同體

名詞的意義與本文主旨

　　「生命共同體」一詞常用於政治論說上，依據教育部編撰的《國語辭典》，是指「一種強調個體與群體的有機關係，使個人對所屬共同團體榮辱與共，禍福相依之道德責任的政治哲學思想。」近來見國人常用來提醒與勉勵大家要有生命共同體的歸屬與責任觀念與思想，以免使我們國人共同凝聚的國家生命被敵人分化與擊潰，使國人能禍福相依，榮辱與共。這種概念也適用到農業的有機體上，仔細思想，農業一方面也像國家的有機體一樣，由全國所有人民個體，乃至整個政府所構成，彼此榮辱相依，禍福與共，唇亡齒寒，必要連結成一個關係緊密生命共同體，共同維護。另一方面也可將農業看成個體，與其他產業或國家命運連成一生命共同體。本文的要旨即在倡言與說明這些理念或哲學，讓國人共同愛護農業，從不同地位與角色共同經營農業，維護農業並促進農業的發展。

農業與全民的生命共同體

　　在此論述農業的生命共同體，先將農業看成有機的共同體，由各方面的個體結合而成，重要的結合個體包括農生產者、農產品運銷商、農產品消費者、管理農業大計的各相關農業行政、研究及推廣機構，其中農業行政、研究與推廣機構包括多個部門與層級，農

產品消費者則相當於全人民。上列各種類各部門與各層級的相關單位與農業的關聯性，會有不同，但都很密切。農業缺少其中任何類型、部門、層級或單位的支持與愛護，都很難存活，更不必論發展。

生產者與農業的最密切性共同體

農業生產者，也即農民，與農業的關係最密不可分，結合成一體。農業需要農民操作，農民靠農業維生。過去農業為國家產業主流的時代，全國人民大部分都為農民。今日產業分殊化，農民人口數量與比率降低，但農民與農業的關係仍密不可分。國家雖然有「護國神山」的電晶體產業，但人民百姓仍以食為天，農民需要負責供應全人民所需要的糧食。有些糧食雖然可由外國進口，但不如本國農民生產的對味、新鮮與親切。農民與農業的密切關聯除供應糧食等農產品，也為國家護衛農地及水土環境，不使寶貴的農地資源荒廢或遺棄，也能保住水資源存放在土壤中，不使地層下陷，並能儲藏水資源供應不時之需，更能維護生氣盎然的農田景觀。

更重要的是農民的生計與生活全與農業結合一起，全賴農業經營過活。當社會工業化以後，農民雖然也可轉移工作方向，經由從事工業工作獲取工資，補貼生活費用，但常不如固守農業生計安全可靠與踏實。繼續務農的人若能更新一點腦筋，多用一點科技知識與嶄新的經營理念，可有不差的收入。留住鄉村過著較自然厚道樸實自由自在的田園生活，並不比相對奢華虛浮的都市生活差太多。

運銷商人與農業的連帶性共同體

社會上還有另一種人也與農業構成連帶性的共同體關係，這些

人是農產品的運銷商，數目不很多，但也全靠買賣農產品過生活，他們的買賣生意包括從買進農產品，有的經過自設加工包裝後出售，有的直接轉售給消費大眾。他們雖然不必像農民親自下田工作，但與農業的連結也甚關鍵密切，一方面可方便農民將農產品出售，換取現金，供為購買日常用品之用，或供其他必要的開銷；另一方面則可方便消費者購買農產品供為消費，與農業緊密連結在一起，與農業的關係也如唇齒相依，生死與共。

消費者與農業的普遍性共同體

消費者與農業的關係乍看並無太大關係，實則關係最具普遍性，因為在生產者農民、產品運銷商及消費者三種人中，消費者的人數最多，分布也最廣，存在最普遍。農產品的種類、數量、價格三者都直接影響消費數量與消費品質。有些農業產品，也有特殊的消費對象，這些特殊消費者與其消費的農產品及產品的生產者更會自行結合成更核心的農業生命共同體。近來茶農、茶商與飲茶的愛好者常會有密切的結合。有機農產品的生產者、運銷商與消費者也常自行結合成特殊團體或管道，都成為具有特殊意義的生命共同體。經過這些共同體，缺貨時能較容易找到貨源，滯銷時則能較容易將產品銷售出去。透過這種共同體或特殊的管道，也能買賣到貨真價實的農產品，其中含有很重要的誠信原則與特性。

政府與農業的命運共同體

農業的生命共同體中政府也是其中重要的一分子，扮演重要角色。政府與人民生死與共，與農業的命運也相互與共。過去一向農

為邦本，今日也不能忽視，否則如果糧食缺乏，國家必有災難。政府對農業扮演的角色則有許多種，包括監督、管理、教育、宣導、推廣、仲裁、催化、幫助等，有時也可能扮演生產者與消費者。有政府的幫助、管理或仲裁等多種角色與功能的介入，農業的生命共同體才能較順利運作，才能較穩固存在。今日當國家的其他產業快速發達，農業發展相對落後之際，政府更需要發揮與農業共同體一分子的角色，展開輔導管理與幫助等功能，促進農業能夠更穩健也更有活力發展。

農業與其他產業的生命共同體性

社會與國家的產業有許多種，農業與其他的產業也都可能構成生命共同體的性質，互相依賴與幫助，彼此榮辱與共。過去在臺灣經濟發展的過程中，農業發展在先，以其豐沛的人力、資金與土地資源貢獻給工商業部門，促成工商業的起飛發展。人力從農業農村移出，投入工商活動，資金從農業農村流出，注入到工商業，部分農地則釋出做為工業與都市用地，農工商結合成一體，促進國家經濟的整體發展。當前國家的經濟仍然需要農工商結合成生命共同體，一起往前邁進發展，但農業呈顯相對無力，急需工商業的回饋與扶持，使這個國家與人民產業的生命共同體能再度發揮一致的力量，不因顧此失彼，發展了工商業，也要能不使農業衰敗才好。

農業體系內的多項生命共同體述要

自早到今臺灣農業體系內有多項生命共同體，這些共同體分別使用不同的名稱，但共同合作的精神則很一致。在此列舉數項，並

概略說明其生命共同體的性質，供讀者了解，也供農業界更認真思考推動共同體的優點或好處。

農會組織

　　臺灣各鄉鎮區、各縣市以及國家層級都設有農會組織，全部共有 302 個。鄉鎮區的基層農會由農民會員組成，縣市級及全國性農會，則由下層農會支持組成。每一農會的人事、財務及業務獨立。上級農會對屬下農會有輔導的權責，但實際上很微弱。農會是一種農業性的生命共同體，會員都為共同體的一分子，農會績效良好，會員獲利，績效不良，則會員受損。為使農會業績良好，各會員必須共同合作，共同努力。

合作農場

　　臺灣的合作農場組織始於 1950-1960 年代，政府為安置退除役官兵而開墾荒地，設立合作農場，至 2014 年時共有 225 場。每場面積在 30 公頃以上，股金最少 100 萬元。合作農場依照合作社法運作，以合作經營為原則，以共同經營為方法，謀社員經濟利益及生活改善。這種農場的會員像生命共同體的分子，農場賺錢，大家得利，虧本大家分擔。

共同產銷班

　　這是在農會輔導下較小型的農民合作團體，原則上也以共同經營共同運銷的方法按班員參與的耕地面積分攤費用及利益。為能獲得較好利益，班員也要互助合作，共同努力將班的生產與運銷業績經營好。

農業專業區

　　農業專業區以全鄉鎮區為劃定範圍，參照鄉鎮區的農業條件及經營歷史資料，劃定合適的專業區。筆者所在的臺南市鹽水區與相鄰的嘉義縣義竹鄉就被劃定玉米專業區，區域內的農地普遍種植玉米，按照政府指定的作物種植生產，可獲得政府特別的照顧與獎勵。因為全鄉鎮區被劃為特地專業區，區域內的農民必要以同一步伐進行種植與處理田間作業，如用機械代耕，並對病蟲害共同防治，才能達到較好經營成效，並獲得較佳利益。

休閒農業區

　　隨著休閒活動與事業的發展，政府除了鼓勵設置休閒農場，也鼓勵設置休閒農業區，範圍大小至少要有毗鄰土地 50 公頃，但實際大小規模不一。至 2020 年臺灣全部休閒農場共有 378 家，休閒農業區共有 104 處。在休閒農業區域內個別休閒農場與休閒農業區也構成一個生命共同體，兩者彼此合作，對兩者的發展都有利。

結語：農業與相關的人民、產業與團體組織等都同舟一命

　　總和前面的分析，農業與各種相關的個人、產業、團體組織等構成生命共同體，彼此同舟一命，互相合作，則可相互得利，若是互相惡性競爭或對抗，則容易削弱彼此的力量，造成大家的損失。國家是國民的靠山，需要國民支持，使其屹立不搖。農業是全民的衣食父母，也需要全民的支持，使其能茁壯發展。國家要能生存需要國民能出自內心認同，與它構成生命共同體，農業要能發展，也

要全民能從心底認同與它具有生命同體的關係，榮辱與共，禍福相
依才行。

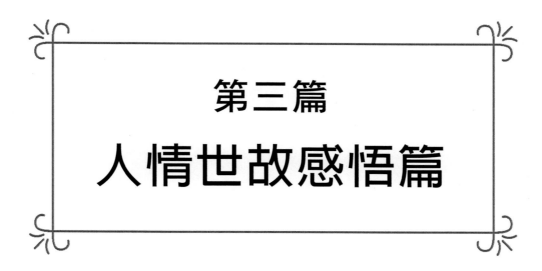

第三篇
人情世故感悟篇

人情世故概說

意義

　　人情世故是一句日常用語，也是成語，一般人常掛在嘴邊，在《教育百科》解釋成待人處事應對進退的方法，漢典則解釋成為人處事方法、道理與經驗。此語出自文天祥的《送僧了敬序》。將此成語分開成人情與世故解釋，人情是指人與人間融洽相處的感情，世故則是指通達人情之意，富有待人接物經驗，待人處事圓潤周到，也泛指世界的一切事務。就負面的意思看，世故也指過度圓通，是社會上爾虞我詐的一些伎倆，是社會黑暗的一面。世故一詞出自三國時期魏國嵇康的《與山巨源絕交書》中的「機務纏其心，世故煩其慮」。

　　由這些定義可知人情世故與社會學研究人際關係及文化學研究風俗習慣與價值觀等的旨趣密切有關，我也有興趣進一步探討其更多方面的意涵與重要性等。因為人情世故的行為者是人類，在此所言重要性都是指對人的造就而言的。

重要性

　　人情世故取其正面的意義具有不少重要性，下列舉出幾點加以說明：

可貴智慧與才能的展現

　　人情世故是為人處事的方法、道理與經驗，能被人類保存與傳遞，可見這些方法、道理與經驗深藏可貴的智慧與才能，具有這些智慧與才能的人，必會有展現的機會與成效。懂得人情世故的人與不懂的人相比，顯然智慧與才能都要略勝一籌。

克盡責任得人信任

　　人情世故既被人類認為是為人處事的方法、道理與經驗，社會上的人普遍都會照樣實踐。照行照作的人是負責任的人，必能獲得他人的信任。相反的，不知或缺乏人情世故的人，顯示未能克盡前人遺留的方法、道理與經驗，是不負責任的行為，也必無法獲得他人的信任與愛戴。

贏得友誼與人緣

　　人情世故是一般人行為的習慣，也是大家的期望，這些習慣常會成為後人行為標準，具有這些標準又能行之於外，便可與他人的行為標準相對味，因而能容易被他人接納，人緣必定會好。人緣好最可貴是受人歡迎，良好的機會也會較多。

事業成功之道

　　人情世故的細項也有不少關係一生事業前途成敗的道理，取才用人的上司或老闆對求職者除會注意其工作能力，也常將其為人處事的態度與作風是能合乎人情世故，或是刁鑽跋扈，當為評估錄取與否的要件之一。工作機關的上司也同樣會將下屬為人處事是否合乎人情世故的道理當為評估其工作績效的指標要項。能知人情世故

通達事理，工作態度定能少有差錯，也能受到同僚歡迎，工作過程身心愉快，表現良好，成績斐然。

機會的獲得與發財致富

人生許多機會常在短時間與人應對的態度與表現而決定的，能夠合乎人情世故，予人良好印象，樂與結交往來，給其機會與好處，在職場與官場上便有較多發財機會。人與人之間常有贈送禮物紅包，無非是因有喜愛討好別人的人情與世故，雖然過了頭變成歪風，並不可取，但社會上還是行之不衰。這些人情世故最常發生在官商之間，有權勢的官方常會將一些可以使人發財的建設工程機會保留給較懂人情世故的商人，善於鑽營的商人也都無不精通人情世故，一年三節都不會忘記要孝敬有權力的官人，當然這類人情世故是比較偏向負面道德的。

精神與心理素養的提升

要通達正面人情世故的道理，不是生來就會具備，常要經過許多時日的學習與磨練而成，能學到與練到精通人情世故，是學問與人格的進步與成熟。個人在精神與心理上也必然會有成就感與滿足感，是精神與心理素養水準的提升。能有這種素養的人，都不是泛泛之輩，無虧是練達的高人。

過度與不足都惹人嫌惹人怨

人情世故有正反的價值概念，正面看是人格上必要的修養，負面看是人格的汙點。所以人要具備的人情世故應以正面適度的為宜，過與不及都不合適，會惹人嫌，也會惹人怨。太過了變成世故

的殘渣，令人感到厭煩無趣。不足則顯然缺乏教養，不知人間煙火，也令人嫌棄。如何才能適度，也只能意會，不便言傳，都要靠敏銳的觀察與智慧的判斷而獲得。

面向的種類

細查人情世故，實在十分眾多複雜，凡是人類各方面的行為事件都可能會有令人覺得比較有價值的重要部分，一再保存，反覆使用，便成為正面的人情世故。但大致分解歸納，可舉出下列數項：

人際關係類

這類人情世故的細節可能最多，存在也最普遍，因為人類世界最多發生的事件就是人與人的接觸與往來，可能產生的可貴人情與世故也就特別多。這類人情世故大致而分有對己、待人，及人我之間的往來。對己的重要道理在於從嚴謙虛，不宜自視太高，不可喜於誇耀自己。待人則當寬容體諒，與人為善，心存感恩，遵守誠信。人我之間最需要的往來應是彼此尊重對方，能夠禮賢下士，常人之間也要能禮尚往來。照此準則行為，人際關係定能平順，少有矛盾與衝突，人人平安無事。

處事方法類

處事是人際關係之外最常見的行為要項，細節的世故也有不少，其中重要者有實事求是，照理行事，事緩則圓，事無常師，事有輕重緩急先後次序，治理萬事有條不紊，處事得法事半功倍，秘密之事天機不可洩漏，對於不知或知之不明之事不恥下問。能夠照

這些世故行事，可以減損增益，不可不知，更不能不參考遵行。

展現能力類

人類社會常是一個互相比對能力高低的場域，有關展現能力類的人情世故也有不少，重要者像是深藏不露、背後靠山、以牙還牙、以柔克剛、逼虎傷人、一山還比一山高、強中更有強中手、兩虎相鬥必有一傷、旗鼓相當不分勝負、圓滿收場等等。人能深明這些人情世故，在比對能力上必也可勝多敗少。

生活態度類

生活態度也就是人生觀，許多人都先尋找建立作為生活準則，這類的人情世故也相當多元，尤其人到老時，較有空閒胡思亂想，胡言亂語，想出與說出有關老人生活態度的人情世故也特別多，像是少為後代子孫負責找藉口，思索出「兒孫自有兒孫福，不為兒孫做牛馬」的至理名言。又像是「生不帶來死不帶去」、「今朝有酒今朝醉」、「人生得意須盡歡，莫使金樽空對月」，這又是詩人留下的醉言醉語，也成人情世故。有的老人最愛倚老賣老，強求年輕人敬老尊賢當為必要的人情世故。另有些老人則持相反生活態度，視餘生短暫，如日落西山尚有餘暉，還可照亮大地，應多補償過去年輕時之荒唐荒廢，努力立德立言立功。這些老人們不同的生活態度，都會構成不同的人情世故，影響後代的年輕人有樣學樣，或作為反抗革命的依據。

瑣碎雜項類

人情世故是按照人的思維及態度行為發展形成的，世界上的人

所思所行有千萬種，無法道盡全部，述說不完的全部歸納成瑣碎雜項類，有心人可任意去揭露與發揚，也可隨心所欲去創造與帶領，都可使我社會上存在與流行的人情世故更加豐富，使人類的生活更加多彩與啟發，但也可能會有更多約束與綑綁，但都是人類的文明結晶的一部分，都很珍貴。

價值的評估與檢討方法

各種人情世故的意義與價值不一，值得評估與檢討，但要能用對方法，方法不同得出的結果也可能不同。近來有世界頂尖學術機關的哈佛大學研究幸福感的要素，使用追蹤特定樣本終生際遇與心理變化的方法，得出結論是與人良好互動。這說明與人互動對於人生重要，以及可用追蹤訪問的方法來探究人的心理態度與變化。人情世故反映人類社會的價值觀念，也是心理態度。這種價值觀念與心理態度的評估與檢討有其必要，一來可評估重要性的序列，二來也可擴及了解個別人情世故的前因後果，作為引導與控制各種人情世故的發生與消除，使人類因知人情世故而得到鼓勵與減少受害，這對人類的幸福會有好處。

噓寒問暖一例的闡釋

本文在此從許多人情世故中選取噓寒問暖這很根本的一項當為事例，略作探討，使人對於這項人情世故能多一份主宰與控制，進而擴及其他。噓寒問暖是基礎性，也很根本性的人情世故，出個嘴巴，不必費力，也不必花錢，人人易為，人人也很期待。被人噓問到的，都會感到無限溫暖，受到滿滿的鼓勵，長遠銘記在心。

　　這種人情最常存在於疼愛子女的父母，也可能存在有情有愛的好友與情人心中，平時相處之時有此表現都很令人感動，長久不見者作此表示，更是珍貴。但噓寒問暖的人情有的是虛情假意，僅出一張嘴巴說說而已，並無真情實意。專愛欺騙感情的登徒子，最擅長這一套，被看穿了就很不值錢，這樣偏差的人情，也會被看為太過世故了，並不值得效法。

紅白包的人情世故

一種行之已久的人情世故

在臺灣乃至所有華人社會，要論人情世故不能遺漏紅、白包這一項，紅包主要是指給結婚喜事及其他可慶賀的人之賀禮，常用紅紙袋包上金錢表示。客人包了紅包給受賀之人當賀禮，結婚者通常要以喜宴請客為回報，其他收禮之人也有設宴，或回報其他禮物與情誼。婚禮外紅包可能出現的場合還有生日、滿月、升官升職、遷新居（入厝）、考中及其他喜事上。白包一般是指給往生者家屬的奠儀，因帶有悲傷惋惜之情，都以白色紙袋表示。紅包與白包內都放錢，是一種習俗，表示恭賀或追悼的實質意思，也很合人情。這種風俗自古傳遞下來，幾乎已成為一種牢固的制度。人們依照風俗制度行禮如儀，相當正常，未依風俗制度行事，會被認為不懂人情世故、不尊重、不禮貌，有違逆倫常人情之罪過。

紅包的象徵意義功能與性質

紅包的實質意義是在紅紙袋裡放錢，象徵意義是給有喜事的人表示慶賀之意，也是對被祝賀的人一份情意與尊重。經常有紅包往來的家庭與家庭或個人與個人之間，表示關係不差，有這種不差的關係，平時往來都較熱絡親切，遇有特殊事故需要互相幫助時，也都較能方便通融。最主要之婚禮紅包象徵的意義還可從反面看，若

對認識人家有婚慶喜事，錯失不包，可能因為交情不夠親近，不夠良好，沒接到喜帖，或有意要剪斷這種特殊的往來關係。要剪斷這種關係，可能是以前自家有喜事時，對方也沒表示，或因自己窮，應對不起。但若對方仍有期待，沒給就很失禮。

　　婚禮紅包往來者的關係有許多種，就平面關係看，主要有親戚關係、朋友關係、同事關係、同學關係、同鄉關係等。其中有些關係是重疊的雙重或多重性。就垂直的關係，大致可分三種，即是平輩，上對下及下對上等，各種不同關係給紅包有共同的也有特殊的意義、功能與規矩。共同意義是表示關係與情感都很正面，功能方面可增加良好的關係與感情，規矩方面以錢數多少一項最受注意，一般的行情是重要的規矩準則。就特殊意義、功能與規矩而言，從幾種垂直關係的錢數看，平輩關係的紅包放多少錢較少會計較，照一般的行情過得去就可。上司對下屬，包錢多少象徵對下屬愛護程度不一樣，給多表示較喜歡與愛護，給少可能表示較不看重下屬，但總的說如果是明顯少給，會被認為小氣。下屬對上司若太小包，可能會被上司記下一筆失敬之罪。不少當下屬的有可能藉此機會討好上司，會多包一點錢。綜合觀之，紅包大或小，對方會如何想，與其人格及心態都有一點關係。有人期待較高，或想多占他人便宜，看人包太少都會感到不舒服。相反，有人心胸較寬，家境也較好者，可不收禮，白請親友吃一頓，也不在乎。一般人考慮包多少也會參考以前自家辦喜事時，對方包了多少，還以對等數目，彼此不吃虧，也算很公平。心思更細密的人還會考慮物價變動、喜宴場所等級、交情遠近等因素而決定更適當的數目。

包紅包的規矩

　　婚禮的紅包有不少規矩，不能犯錯，否則很失禮，甚至會被認為大不敬。1、錢數不可為單，尤其是婚禮的紅包，更要注意不可犯單數。婚禮是送兩人一起進入洞房，雙數才是喜，單數暗示落單，觸新婚者眉頭，總之雙數才代表和諧、對稱、也圓滿。2、紅包袋必須是紅色，表示喜氣，切忌白色。新年賀喜的紅包規矩更多，可增加列舉如下：3、要包新鈔。4、要用新紅紙袋。5 袋口不可封。6、不可將錢摺起。7、給長輩的數目要逐年增加，表示添歲。8、給晚輩的錢不能多於給長輩的。9、給晚輩的要一致，以示公平。10、包紅色的百元鈔票比藍色的千元鈔票佳。11、勿在長輩面前開紅包。12、直式袋子表示正財，較佳，橫式袋子代表偏財，較不妥。13、勿用單手接紅包。14、勿讓紅包掉地。15、紅包不可馬上花。過年紅包較多大人給未成年小孩，及已婚也工作賺錢的兒女給父母長輩，平輩之間，較少有這種往來的習俗。其實這麼多規矩都是其次，真誠最重要。

白包的意義與性質

　　白包常被稱為奠儀，或香奠，被用為對親朋好友過世時慰問家屬的禮金，放在白色紙袋內。白包的實質意義還有補貼喪家喪葬費的用途，對於窮人的意義與功用更為重要。這種禮俗有幾項重要的性質，就錢數方面看並無一定標準，主要看當事人雙方的交情及身分而定，一般都比紅包的數額少。白包有幾項規矩，違反變成禁忌，慎重行之為宜。1、不可送出後原封不動再收回，喪家懇辭奠儀時，喪家將錢改換放在紅色紙袋內退回，才可收。2、不可在喪禮後補送。

3、白紙袋要封口。4、錢數不可是雙數，表示喪事不可成雙，但只要在重要單位不成雙數就可。5、剛辦完喜事者不可參加喪禮，也不必要給喪家白包。

　　白包的風俗由來也已久，但近來受正式組織的影響與規範，在不少鄉村地區的長青會組織，會友給死亡者的奠儀改成繳納一定數額的費用代替，如每人繳一百元或更多。

影響紅、白包風俗習慣的因素

　　任何風俗習慣的形成與變遷都有其影響因素，且還很多種，綜合起來有經濟的、社會的、政治的、地緣環境的、文化的、語言的等，就以紅、白包的風俗習慣的這六大影響因素略作探究如下：

經濟因素

　　社會上經濟發展水準，經濟景氣好壞，個人的經濟條件，都會影響紅、白包內錢數的多少，甚至也會影響到該包或不包。經濟景氣好，經濟條件也好時，紅包可能都會較大包。一般較有錢人的企業界給紅、白包都相對大方，窮人要擠紅、白包，常會較有困難。

社會因素

　　社會太平盛世時慶賀與追悼喪葬之禮都較正常行之，紅、白包也較流通。戰亂與瘟疫的社會，人人自危，群聚減少或消失，紅、白包也會自動減少或免除。

政治因素

　　世界上政治體制有兩大類，一類是民主體制，另一類是專制獨裁體制。前者經人民推許出來的民意代表立法制定各種生活規矩，基本上將紅、白包由人民自主決定。在專制獨裁政治體制下，人民的生活方式與規矩常由獨裁者一人說了算，包括婚喪典禮的方式，紅、白包也在內。

地緣因素

　　不同地理及國度的人，婚、喪禮儀制度與相關的禮數會有所不同，中外之間婚、喪禮俗會有差異的地方，在西方的國家婚禮常以酒會點心方式慶祝，不像國內要大開宴席。西洋人送禮也多以實物，而非像在國內要包現金。

文化因素

　　文化中的生活規範、價值觀念、宗教信仰、語言等文化因素都會影響婚、喪禮的紅、白包有無與多少。各國之內各少數民族婚、喪禮行事上都會有很大差異。紅、白包的風俗制度看來是中華民族，尤其是漢民族所特有。其他民族不一定都以這種方式表示慶賀或悼念。

看紅、白包風俗的演變

　　任何社會風俗制度的形成都因有其需要與功能，當流行普遍與長遠之後就難免會產生困境。紅、白包制度因表達慶賀與慰問的人情與實行互助的必要，而興起與傳遞，但成為一種普遍與長遠性制

度之後，也給部分的人造成束縛與難題。甚至還會成為黑暗罪惡的手套，有時用正規辦正事行不通，常要暗藏紅包才行。送禮對於富人不是問題，但對窮人常是很大負擔，窮困的受禮人也會有還不盡人情債的苦處。這制度整體的利害相權，是好是壞就很難說，但對行之有難的人都會覺得無此風俗較好。被認為不好的制度部分也就有改革的必要，近來不少喪家都已意會到親友中必有不喜歡包白包及其他花費者，自動在訃聞上註明懇辭奠儀、花圈、花籃，不少接到此種訃聞的親友也都可鬆口氣。也有喪家能警覺以不打擾太多親友為宜，訃聞盡量少印少寄，將葬禮的規模減到最少。違法的紅包政府也有過禁令，都是好事。這些制度性的演變會受到不少人的認同，但還是會有反其道而行者。相反地婚禮喜慶的場面趨小的好像不多，辦得更加豪華體面則比比皆是。場面越奢華，親友的紅包也要跟著加大，否則不好看，但負擔也加重，難怪不少人都將接獲紅喜帖看成像接到紅色炸彈。

風俗改革的困難與展望

　　紅包白包有困境與難題，日後是否能完全改觀難以確定，若未能大改，再繼續沿用下去，害處是有但還不算大，有些問題較大的陋俗，較迫切需要改革，但也不會很成功。像是一些接近迷信的拜鬼驅鬼之事，常會較嚴重傷害到信徒的身心與錢財，社會上也還存在不少傷害民眾更大的不良風氣，都有較迫切的改革性，但是一但成為根深蒂固的風俗習慣，要改也不容易。掌有改革力量的政府對於不少這類風俗習慣，都未加注意或不去碰觸，期待民間自動改革就更困難。但樂觀的看，隨著國民科學知識的提升，思想觀念與態度進步，未來對於不良風俗習慣的改良變革，應也不會全無希望。

進退與得失的禮與理

簡短前言

　　我寫此文，因感進退得失人人常會遭遇到，要能合乎禮與理也很重要。過去中國儒家思想對禮及西方哲學對於理的探討都很多，但世上許多人不一定都能了解，也不一定都能辦到。我願與大家共同領會與警惕，了解進退得失的禮與理之重要與欠缺的不良後果，以及取得的要道。在此禮與理可視為人情世故的重要一環，與其他若干重要的人情世故並列共存。

名詞解釋

進退之義

　　進退是指前進與後退，這是做人處事常會遭遇的境地，進是正面迎取，退是負面龜縮。人遇此境有時進退自如，有時進退兩難，端看人的心態與功力而定。

得失之意

　　得失也是人生旅途上常會遭遇到的境地，得是收穫與成果，失是失落與敗北。人遇得失，有時處之泰然，有時樂苦難安。同樣也因人的心態與素養不同而有不同的反應與作為。

禮與理的含意與相通之處

禮與理同樣發音，意義也相通。理是指禮儀，是人倫秩序，儒家認為這是社會基本的倫理觀念。禮也是按照道德理性要求制定的典章制度與行為規範的總稱，與道德互為表裡，是道德理性的象徵，其要旨在藉以建構理性的人倫秩序。理是合理，也是理性。同義的還有真理、原理、公理、義理等，都是治理與管理事務的基礎，也是最高依據。

兩者的人情世故性

禮與理自古以來就受到人類的重視，人人尊為至高的行為標準，依禮做人，依理行事，是長久不失不毀的古老人情世故。也常因過度遵奉禮節，而有吃人禮教的負面人情世故觀。理也是東西方人共同遵奉的社會價值與生活信條，都成為重要的人情世故。

凡事合乎禮與理的好處

做人做事要合乎禮與理，能符合會得許多好處，不符合壞處也有不少，先說一些好處。

禮能使人富貴

為人做事合乎禮，可以比較平安順利，左右逢源。有禮的人讓人舒服，樂意與他為伍，也較願意給他好處，會有較多機會享受富貴。富貴不一定要榮華，榮華稍微偏差，成為奢華，就變成虛榮醜陋。有禮之人能受歡迎，得人緣，有尊嚴，有名望，有成就，都較容易得到真富貴。

禮節為治事之本

　　《青年守則》第六條，禮節為治事之本，原義是鼓勵人視禮節當為治事的依據或仰賴。看成因果關係，則因有禮節，才能敬業，才能細心做事，才能尊重專業，這些都是治事成功的重要原則、方法與技巧。

有理走遍天下

　　有理走遍天下，無理寸步難行，這是自古明訓，何以如此？道理很淺顯，有禮貌講道理的人，守規矩，少與人作對與衝突，便能一帆風順，勇往直前，暢行無阻。世上雖有不講道理，喜歡找別人麻煩的惡人，但對象也以無理之人較多，若也對待有理之人無理，容易引起公憤，也容易遭受天譴。

反其道之理也能治事

　　講道理是一般正常人的同理心與共同規範，當天下道正，人人都願意持同理心，遵從共同規範。但當天下道不正之時，反其道而行也變成可治事之理。三國故事中劉備初入西川，孔明先是建議以一向寬厚仁義之道治理，劉備卻以為過去劉璋治川法紀疏鬆，派系林立，乃主張治以嚴刑峻法，讓孔明暗嘆劉備已非昔日主公，不得不替他改寫治川條例。

進退維谷之不合理窘境

　　天下事要能合乎禮與理，進退也要能得當，該進就進，該退就退，但不是進退都能自如，常有進退維谷的時候，呈現不平衡不合

理窘境,重要的境況約有如下四種。

強攻無勝算

　　一般積極進取的做事方略都想進攻,但當進攻無勝算時,強攻就不合理。此時常會停止前進,甚至陷入長考,只好等待時機,再重新出發。但也不無可能時機永不再來,本來一場好的戰局,就此放棄。

舉棋不定時

　　事情遇到該撤退的時候有時也常會讓人舉棋不定,退無所據,未能下定決心徹底退出。原因常出自雞肋窘境,以及怯懦無能。前者是食之無味,棄之可惜,後者是優柔寡斷,下不了決心,都有可能事非得已,但也常墜入失敗的境地。

兵入峽谷遇埋伏

　　戰爭時步兵及騎兵常走險路,當兵入峽谷遇到敵軍伏兵,阻擋前路與後路,形成進退兩難,常會死傷慘重。平時做人做事也會遇到中途殺出程咬金,阻擾前進去路,卻因計畫已定,投資已下,很難撤退,也使計畫受挫,陷入進退維谷之窘境,很難找到合理的出路。

不敢孤擲一注而任其飄搖

　　事情遇到進退維谷之時,重要的應對不外兩種,孤擲一注,或任其飄搖,究竟何者較為理性或較不合理,常會事後諸葛,過後才能論斷。有時孤擲一注較合理,因為後事的發展少有轉機的機會,

苦等也只浪費時間、金錢與生命。有時快刀斬亂麻卻將機會斬斷，不如急事緩辦，留下不斷生機，常有意外的大翻轉。當遇此種進退維谷之窘境，也只有智慧能深謀遠慮的人，才能做出較正確的決策。

得失不由人之時

人再講究得失要合乎禮與理，總有不由人的時候，有四種情況可能會發生。

得來毫無意義

第一種不由人的情況是必然會得，但得之無意義，得了也是白得。這種情況發生在所得之物無任何價值可言，但又必然會得，或非得不行。世上許多貪得無厭的人常不選擇所得之物，有得就好，卻常得到一堆無用的垃圾。雖然無用，但貪心使他非得不可，不得心有不甘。

得不償失

第二種是得不償失，這種得有迫不得已，也有自取者，得後才發覺得不償失，也怨不得人。迫不得已也都常事出有因，事前未能發現並化解。人在日常生活中會做出得不償失的事例也真不少，蝕本生意、貪小便宜賠了名譽、殺雞取卵、逐利失信、賺了名利失了健康，這些都是得不償失的實例。不想得不償失，也常由不得人。

得後再失

世上許多的得會再失，也由不得人。這類的得當以賭博贏來的

錢及不義之財最能實證，浪得的虛名也很容易再失。此外得而再失之錢財名位與事物還有不少，像是騙來的錢財與愛情、投機生意的利益、政局不穩時的官位，以及非真才實學得來的職位等，也都很容易再失。這些得而再失的情形，也常由不得人，有時是時勢所逼，或是得來容易，不知珍惜愛護之故。

大勢已去難有所獲

得不能由人的失還有一種情況是大勢已去，難再挽回。戰場上只剩寥寥幾個殘兵餘勇，考場上毫無準備，工廠上缺工、缺資，也缺技術，農場上缺水與缺肥，都成為大勢已去，難有所獲。

失去不得否則難以活命

失之不由人還有一項是當失了會沒命之際，由不得輕言丟失，卻常必要效法困獸之鬥，作最後掙扎，博一線生機。

進退得失不合禮與理的人與後果

儘管進退得失有禮與理重要，但不能有禮與理的人很多，常是因為不明事理，或無能為力之故，必也會自食惡果。因為進退不能合乎禮與理，以致失據，會徹底失敗，有必要加以導正，使能平安。導正的方法必須尋求有效之道，將之探討如下：

進退有禮之途與得失有理之道

進退有禮之途

　　要使進退有禮，有幾樣途徑可供參酌：第一是精打細算所有或重要的進退有禮之道，當為努力使用或實踐的目標。第二是絕不強求。這是比較消極之途，並非上策，但當強求無效，且常會遭受反抗與抵制，此法也不得不用。第三是先禮後兵，如此至少可以不失大禮，一場可能慘烈的惡鬥，將可變成君子之爭。第四是要堅守要塞，此法可以不至失之毫無防守，讓人笑話。第五是知難而退，對於明白不可為之事，就應知難而退，不必白費氣力，可免徒勞無功，這才合乎禮。

得失有理之道

　　要使得失有理，也有幾樣要道可走。第一是得所該得，該得而不得是糟蹋、浪費，對不起自己，也對不起給予的人，也不合乎道理。第二是不該得不義之名與利。不義名利常是人在有生之年最難抗拒的誘惑，不能拒絕，常會惹禍上身，也貶低人品，都會得不償失，也不合理。第三，在不得不失時，要能失之有據，該失也非失不可時才失，不可失的毫無理由與根據，以免盲目與糊塗。雖說人生也難得糊塗，糊塗有時也可貴，但盲目的糊塗之失，不僅是笑話，也很愚昧。第四，使能失而復得。得而復失，很不幸也很傷害，但相反，失而能復得，則很幸運，也福氣，必然也能合乎道理。

人對他人的期望

前言

　　我想探討這一問題，因感社會上的人不分男女老少、貧富貴賤，對於他人都有期望，尤其是對他認為有意義的人，期望更加明顯，關係越近，期望也越多。但是事實上有關係的人有的表現可以符合期望，有的卻是難以照辦，使人會有不同的感受與反應，相互關係也會很不一樣。人人對這些問題都有感覺，但都少去理清。我學社會學，讀過社會心理學，對此問題多少有過討論，覺得有必要也有興趣再多用點心，思索一下，使能有較清晰的概念與輪廓，方便自己及其他有心人共同理解與應用。

期望的若干重要性質

原因

　　社會上每一個人的「有意義他人」很多，因為有關係的人很多，包括所有會影響自己的人，以及自己能影響的所有人，對這些人都會產生期望。人被他人如何期望，都因他是什麼樣的人，對任何的期望也都會產出特定的後果。人會是什麼樣的人原因或來源主要有兩樣，天生的與後天造成的。前者像是天生是男人或女人，以及當為誰的兒女或父母，後者則像是做何種職業或擔任何種職務。

　　在此我所探討的期望是強調人對他人的，而非針對自己的期

望。唯討論人對他人的期望時難免也會牽涉到對自己的期望，但這種期望不是本文討論的重點。

目標

人對他人期望的目標很複雜，會因他人對自己意義的種類與大小而異，其差異常與他人和自己關係的遠近有密切相關，關係越近，期望的種類越多，程度也越大。多數的人對他人的期望都先期望符合自己的需要，有的進而也期望能符合社會與國家的需要，尤其是對公眾人物的期望。人對他人的需要也很複雜，從對最親近的家人的需要來看，一般當父母的都希求子女能成龍成鳳，功成名就，自己有光彩，也有依靠。子女則希求父母有財產有名望，自己能享有與繼承，可過舒服的生活，也能生活得很體面。但也有例外情形，只需要父母有愛心有責任，並不計較其貧富貴賤。夫妻之間的需要在過去普遍都先求能體貼忠實，丈夫要有能力養家，妻子要能善於理家，包括管教好子女。朋友之間最普遍的需要是有誠信，並能兩肋插刀，互相幫助，尤其是在患難之時，更需要能伸手相救。但時代變遷，社會規範準則也變，新時代許多夫婦對彼此的需要，也有變成奇奇怪怪的。

功用及壞處

人對他人的期望有功用，也有壞處，重要的功用是可激勵他人，重要的壞處是會牽制或束縛他人。美國心理學家維克多弗魯姆（Victor H. Vroom）於 1964 年發表期望理論，認為期望員工努力工作並獲得獎賞，可激勵員工的工作績效，此理論常被應用在企業管理上。由此理論的反面也可推知對於他人的期望也會有牽制或束縛他人自由行為的缺點，這種牽制或束縛有時就會限制人的自由創造

力。

後果

　　人對於他人的期望可能產生的後果會因期望能否實現而有很大差異。他人能實現我對他的期望，也就能符合我的需要，我會很高興，很滿意。對方也會感到很有能力，能有交代，也會受到他人的歡迎與喜愛，可增信心與成就感。相反，當人對他人的期望未能被實現時，雙方都會有遺憾，期望者會感到失望，彼此的情誼會因此變淡、變冷。對方未能實現，必也事出有因，可能因為能力不足，或對於承受的期望有所抗拒。

合理與否與寬嚴之間的期望問題

　　人對他人的期望雖然多樣複雜，若能不過分苛求，不太不足，或不當，都不是問題，較大問題在於是否合理與寬嚴適度。人對於不同的有意義他人會有各式各樣的不同期望或要求，常會一相情願設想對方有能力，也有職責，會照我的期望去行為。其實有時他人實現期望的能力會有不足，我的一些期望與要求會太過嚴苛，也不合情理，有強人所難之過。但如果期望合乎情理，也在他人能力可實現範圍內，對方卻不能盡其所能來實現，這是他不盡心，不夠努力，不負責任，也不盡情理，自己有理由埋怨與不滿意。對方在職責份內的事，未能盡責，必然也會讓人失望。我方會抱怨其無能或推諉卸責，心裡都不會舒服。相反地如果他人表現都能如我所願，我必能感到滿意，內心也能舒服。

　　有人對於他人也有可能未給該給的期望，算是未盡到自己的責任。常見父母溺愛子女，怕他們吃苦，未給他們應有努力用功的期

望，子女不知該付出努力，才不成器，當父母的就有過失。

　　人與人之間的期望常是互相的，我對他人有期望，他人對我也有期望，兩種期望的大小輕重可能會不一樣。有時人接受他方的期望都心甘情願接受，但有時是形勢所迫，並非都很願意接受。對於同一事件雙方期望的權重要比較相同或相近，才較公平。不然期望或要求較多的一方，就有欠他方之人情。

被期望者的感應

　　人被他人期望會有感知，也有可能渾然不知，能感知是因為施予者的明告或暗示，會不知，則除了未被告知，也可能是因為反應遲鈍或被蒙蔽。能感知通常也會有回應，回應的內容除參考對方的情意，也常帶有自己的主意。當回應良好，獲得施予者滿意，雙方關係也良好。回應不好，雙方會起矛盾與衝突，往來的情誼可能終止或變調。

　　但是也會有人感應遲鈍或故意裝作不知情而無回應的情形。遲鈍可能因為無知，或缺乏知覺敏感度，都不是聰穎的表現。故意裝作不知情，則有狡猾或惡意逃避之嫌。人遇這兩種情況時，都很無奈，對於前者常會感嘆孺子不可教也，無可救藥。對於後者，若是不放棄期望，則常要使用較強硬的方法，逼使其就範回應。

期望與滿意度差距問題的探討

　　人對他人期望程度與對方回應帶給自己的滿意度常會有差距的問題，而且常是期望高於滿意度，因此期望者對於被期望的他人會感到不滿，兩者之間的矛盾與衝突因而產生。探討這種差距產生的

原因也不只其一，重要者約有下列三類：

對方無實現能力

當一方下令或輸送給他方的期望太高，超乎接受者的實現能力範圍時，受方只好棄之不理、逃避，甚至反抗。不少為人父母者對子女學業的期望過高，資質平庸的子女就常會有拒絕、逃避與反抗。

雙方期望不一致

當人對他人有期望時，對方也會有自己的期望，兩者一致，便可一拍即合，接收者很樂意，也會努力實現，雙方都能創造佳績，並如願以償。但人各有志，你願不同於我願，有時我給對方的期望，並非他所希望，就會拒絕，雙方也就難有共識，我對他的期望也就未能兌現。這類期望不一致情形就像夫妻同床異夢，或談判不成者雙方的心情，心中各有不同的盤算。這類矛盾若不能和平解決，都會有紛爭。

其他矛盾導致拒絕期望

第三類他方未能滿足我期望的問題不是出在期望本身，而是因為有其他事件介入的糾葛與矛盾，導致我給的期望會受到排斥或拒絕。父母老了期望與兒女住一起，接受照顧與孝順，兒女也願意，但常因媳婦或女婿有意見，而未能如願，這是許多現代家庭普遍發生的悲劇。期望與滿意度差距也是期望與實現度的差距，對期望的給受雙方都有傷害與遺憾。

如何善後

　　人對他人的期望常常未能如願，心裡會感到不舒服，若未處理，心裡的不舒服會繼續存在，故有必要善後。善後的處理方法主要有下列三種：

放棄

　　對於無可指望的被期望者，最合適的處理方法是放棄。許多婚姻當事人期望對方能按自己的期望修正改進態度行為，當發現完全無望時，只好採取完全放棄的離婚收場。但是這種處理的方法有時容易，有時也難，不能改善自己行為及雙方關係的一方還常會使出刁鑽的態度與手法，乘機敲詐一筆，才願意解除被期望的關係。婚姻衝突中的刁難者一方，就常會有此表現。住宅更新重建中的釘子戶，也常是這種使壞的刁難者，常需要給他點小甜頭，或逼他就範。

逼使實現

　　對於不講理，不按道理出牌的期望對方，較適當的應對方法是，使用較嚴厲的方法，逼使就範。嚴厲的方法包括黑道經常使用的暴力，但此法嚴重違反人性與法律，不可取。其他較嚴厲也較文明的方法有輿論的批評與攻擊。兵法上也常使用遠交近攻、合縱連橫等方法為之應對。目前美國對於中共在軍事、外交、貿易等方面的強硬舉動期望他能放軟一下態度與作為，但未得如願的回應，乃有推展與他國聯合對抗的行動。

修正期望內容與方法

　　另一種對他人期望未能達成與實現，是出自期望目標與方法不當，改進的方法有修正期望目標及達成目標的方法。一般都要放寬期望的條件與標準，使對方比較能夠同意與接受，樂於實現外來的期望，使對方能夠感到滿意。自己給對方附帶實踐期望的方法也要調整，使能與期望目標相調合，共享達成期望目標，完成使命的成果，並獲得喜悅。

從幾項世間事看人生的浮沉

題目的意義

　　世間人的一生像是處在風中與水中，時時隨風飄蕩，處處在水中浮沉，浮時呼吸順暢，身手運動自如，精神也旺盛；沉時像要窒息，手腳無力，神色也難看。人生浮沉的經歷，給人無限的啟示，沉時給人警惕，浮時給人鼓勵。因有浮沉，浮時就不可驕傲，沉時也不必氣餒，浮浮沉沉，輪迴交替，來了再去，去了再來，能平安順應渡過，就算美好。

出生的天命

　　人生的浮沉起自生命問世，出生時就決定了一生浮沉的一大半機緣，幸運之人，生在帝王或富豪之家，一生多半能享有富貴。不幸之人出生於貧寒家庭，一生就要吃苦操勞，可能還不得溫飽。人所出生的時機也對一生的浮沉大有影響，生在太平盛世，可以平安無憂，生在戰火亂世，就少有好日子過。所以出生的特殊時間與地點是天命，決定一生大半的浮沉機會與命運。

上進的期望

　　世上的人自從一生下來多半就受父母家人與社會國家期望往前

邁進，往上爬升，本人也逐漸有此意識與期望，以此作為人生努力奮鬥的目標，也會以能達成此一目標而感到榮耀與快樂。然而一旦有了上進的意識與期望，相對的也就有實際的往下沉淪。當上進的意識薄弱，或實現意識目標的能力不足時，往下沉淪的機會就可能增多，人生也就會感到失敗與無趣。

事業的變化

人生浮沉的具體表象之一就在事業的變化上。凡人都要生活，都以事業當為生活的工具與手段，事業順利，生活就較優厚自在，事業不順，生活就會困難。人的事業也就是工作的性質，種類繁多，有人從商，有人務農，有人從政，有人從軍，有人教學。各行各業都可衡量出績效與成敗，績效良好，成就必佳，事業有成，也是在事業上浮出了頭，生活必然風光愉快。相反的有人一生事業失敗，生活落魄，也就成為沉淪之人。

貧富的起落

在資本主義的社會，人的成敗與浮沉，也最常用貧富評鑑與衡量。富有之人是成功之人，在社會上能夠抬頭挺胸，貧窮之人是失敗落魄之人，在社會上也常抬不起頭。貧富都有原因造成，有者得來光明磊落，也有的出於不可告人。不少人一生長期富有或貧窮，但也有人一生貧富則起起落落，來回多次，有的還是大起大落，這種人最常見於投機商人、非法匪徒、股票大戶、揮霍賭客或貪官污吏等。富有時風光亮麗，貧窮時則要露宿街頭。也有一種人一生的貧富並非由自己決定，而是寄託在他人身上，自己的起落也隨著被

寄居者的起落而定，這樣的人以女性較多，而且多半是較能安於嫁雞隨雞嫁狗隨狗的傳統女性。一些較厲害的現代女性，只能與男人同甘，卻未能同苦，當她的男人大起時，跟著一起逍遙風光，但大落時，就可能會逃之夭夭。

宦海的浮沉

自古以來不少人選擇當官為一生的志業，野心較大者，還以當大官為目標。但宦海浮沉，官位有時高升，有時下降。當官靠自己能力者固然不少，靠裙帶關係或巴結權勢者也大有人在。不少經營裙帶關係或結黨營私的官人，很容易發生大樹一倒猢猻盡散的局面。近來民主國家許多政務官位都隨選舉勝利而得之，隨選舉失敗而丟失。同黨派的主子選贏了，大家一起上任，選輸了，大家一起下臺。不少原來當大官的，一旦下臺，失去政治舞臺，常會不甘寂寞，都還要想盡辦法，弄個像樣一點的位子當，不讓選民遺忘，期能東山再起。也有不少大官下臺之後，還能得個公營事業機構董事長之位，坐領高薪，更有實質的好處。人愛做官，都因有這些秘境與好處。也難怪有不少人學而優則仕，在官場上也要長袖善舞了。

名譽的升降

多半道德水準不差的人都很愛惜自己的名譽，重視者會視之如命，甚至會為保衛名譽而不惜犧牲性命。一個人的好名譽，得來不易，常要經過許多努力奮鬥，德高望重，而後獲得，受人尊敬與仰慕。一般要能獲得好名譽的重要事功不外三項，即立言、立德、立功，而這三種事功，也常非在短時間內便可一蹴達成，常要經過日

積累月長時間的磨練與努力，才能獲得大家的肯定與認同，好名聲才能隨身而到。國家的好政治領袖，能為國家建立好制度，做出好建設，造福全國子民，留下千古美名，受後代萬世國民念念不忘。也有一些難得的地方仕紳，樂於犧牲自己，貢獻他人，不惜耗用自己的時間、精神與財富，服務大眾，造福鄉里，給地方上的居民好口碑，念念不忘其善行與人格，也可能公推他為地方領袖。其他各行各業也都會造就出好功績，好名聲的人物，成就出眾，又能善待他人，名譽聲望都高，得來都甚不易。

相形之下有些名聲敗壞的人物，常因言行不軌，危害他人，為他人所不齒，其中有者給人的印象是惡貫滿盈的小人匪類。有些人權勢與財富不少，但因得來都非經由正道，其富貴並不為眾人稱道，給人的觀感不佳。但也有一些人，原已好不容易獲得不差的名氣，卻因不小心的疏忽或錯誤，一失足而造成差錯，以至全功盡棄，成為千古之恨，給人不無惋惜與感嘆。這種人若年紀不大，日後或許還可重新振作，改過自新，再創新高的功業與聲望。但若已到高齡，可能因此一蹶不振，難再爬起。也有一種人，早年的歲月功名聲望並不特出，後來卻能突飛猛進，大器晚成，終究也會有好的名望，令人刮目相看。究所有影響人名譽的好壞與升降的因素不少，個人的認知態度與實際功力，他人的鼓勵與影響，外界的認識與評價等，都是重要者，缺一都不可得。

身體的盛衰

人一生命運的浮沉，身體的盛衰也是很重要的一面，這一方面也常成為決定其他許多方面上浮下沉的重要影響因素。觀看人的有形身體之盛衰，也會是無形精神作為的影響後果，良好的精神狀況

也必會影響身體的健康條件。畢竟身體存在的時間有限，許多美好精神作為，都在身體存在且值良好狀態時表現出來的。

　　人的身體盛衰起落一般都隨年齡增加而變化，在正常條件下，青壯年時期身體的狀況最佳，事業工作也最能有良好表現。進入老齡階段之後，身體條件就逐漸衰退走下坡，事業工作效能也逐漸滑落，心有餘常力不足。到了七老八老的時候，還可能病魔纏身，了無生趣。當人老了躺在病床上之際，回顧過去生命的光榮燦爛，都如浮雲過境，也許可足以自我感覺良好一番，但世界上的舞臺已再沒份，長江後浪推前浪，舊人走，新人出，舞臺上的角色都要換人做。

生命的終結

　　看盡世上眾生百態，人的一生都隨生命的死亡而告終結，人來這世間一趟，實在很短暫，蓋棺之後，也都成定論。人的裡裡外外有千千萬萬種，在世時間的作為表現不會一樣，有人一生積極為人，求有良好表現，也能功成名就，實至名歸，能夠得到應有的回報，享受眾人稱讚與擁戴，也可死而無憾。一些真正偉大的名人，於死後還能留名青史，讓人追憶懷念。但是一般的常人，死後都默默隨風而逝。也有些人一生性格耿介，義氣凜然，為維護正義與真理，不惜得罪權勢，成為政治要犯，被囚終身，失去為人的自由與尊嚴，十足以悲劇角色收場，但於死後卻能因有轉型正義，成為民族英雄，受到後人敬仰與崇拜。但也有一些生前不可一世的強人，死後卻被不滿的後人報復，鞭屍毀譽，起落變化之大，也莫此為甚！

通達自在之悟

緣起高人傳遞

　　我於近日從網路連接同一訊息數次，訊息短文中含有「通達自在」這一詞語，覺其與全文都很新鮮，含意也深遠，甚值探究與思考其意與相關事項，乃決定撰寫此文。此一訊息最先傳自一位好茶道也學禪學高人的老友，標題是〈何止於米，相期以茶〉，後來又從別處收到同一訊息，可見對此短文感到興趣也覺含義不差者不乏其人。短文明記源於哲學大師馮友蘭的作品，對標題的解釋是，好米者壽 88，好茶者再加壽 20，共 108 歲。米與茶的差別是，前者是人人為求溫飽的每日糧食，是形而下之物，茶是形而上的精神層面，是對老人的期許。我認為其被認為是精神層面，因為可有可無，唯能品味者嗜好之，也當為精神寄託。馮文中提到老人不止要豐衣足食，更期待走向精神境界的高壽目標，（與）通達自在的真諦。

此語的來源與深藏的佛理

　　通達與自在常分開理解與使用，通達之意是通過要走的道路，沒有阻礙沒有障礙，自在則是隨心所意，精神愉悅，兩詞合併成「通達自在」一語，源自法言君子。「通達」與「自在」也是佛教常用語，佛理強調不執空，不執有，俱能通達為最上，並勸人要通達理體，一切事相才有意義。佛理中也有四自在、五自在及十自在之說。

通達自在意含佛教的最高境界，修佛的人到達這境界，對生活上社會上出現的事情，都能想得通，並處之自如。我覺得通達自在與心中無煩惱有密切關係，並互為因果，人的一生能夠通達自在，做人和做事都能暢通無阻，不受障礙，順順利利，哪有不精神愉悅的道理。如果處處受阻，精神必然煩惱。反過來看，心中有煩惱，阻擾心情與腦力，哪能通達自在？所以佛家認為人要能通達自在，也要先能解除煩惱，而佛家所看到的人之煩惱很多，有三結五縛，當然佛家之外對於通達自在之道理也還可從許多其他方面與角度去了解與體會。我藉此機會先對一向覺得深奧無比的佛理嘗試了解其中究竟，再從法言君子與社會心理學觀點等探討其道理。

佛理中的三結五縛阻擾通達與自在

　　三結五縛是佛教理論中所指心中煩惱的糾結與束縛的種類，有這三結五縛就難通達與自在。三結是身見結、戒取結、疑結，另加貪心結與瞋心結，成為五結，也是五縛。這三節中的身見結也稱我見結，是指內心意識的潛在糾結與煩惱，說成現代通俗的話語，有人天生潛在多愁善感，憂鬱寡歡，就因有這種結。戒取結是指因戒禁律引起之謬見或錯誤看法而煩惱之結，對戒禁律有謬見或錯誤看法，心中煩惱就很多，包括害怕、憂慮與不平等。疑結則是因煩惱不能解的疑惑之結，可能包括怨嘆自己無能、懷疑厄運臨頭、世界末日到來、死無人救等的疑惑。貪心結，較不難理解，人最貪的無非是錢財名利與情色，得不到會煩惱，得到了耽心可能引來災禍，也是苦。瞋心結是指盛怒的煩惱糾結，盛怒必出有因，也使人不樂，心中會糾結與受到束縛也是必然。

　　人遭遇上列的三結五縛，做人行事受阻，難能通達，心中自然

糾結牽掛，受束縛也拘束，煩惱苦悶，難能自在。想要通達與自在，必需設法將三結五縛去除。

去除三結五縛的方法與途徑

依照佛法想要通達自在，必要能去除三結五縛，如何去除，學問很大，道理很深。筆者嘗試學佛，探究佛家去除的大道理。

去除身見結（縛）的方法與途徑

要能有效去除這種內心意識的煩惱，有必要先清理了解內心意識的潛在糾結。依照佛家的說法，這種潛意識的糾結常是身見結也是我見結造成的，要捨棄才能解除煩惱。人會煩惱常因將我身視為是我，捨棄不了，佛家開示我身就像衣服一般，只是我的，不是我，能有此了解，才能破除或捨棄身，也才能破除身見結，並去除煩惱。

佛家的這樣說法很像西方心理學家佛洛伊德所說，由本我（Id）經自我（Ego）提升到超我（Super ego）的過程。本我是天生的我，也是完全潛意識，不受主觀意識控制的我，這樣的我充滿天生衝動的慾望，如飢餓、生氣、性慾等。自我是有個性獨特的我，是從本我經過在社會中摸索磨練出來的。超我是超越自我的我，由道德原則支配，受過道德規範與社會文化環境價值觀念的薰陶而成。具有超我性質的人就能知覺我是非我，是自我中的少數，沒有私心，具有博愛的情操，卻常是孤獨的。

去除戒取結（縛）的方法與途徑

戒取結也稱戒進取結，是因對戒禁律有謬見或錯誤看法，所產

生的心結與煩惱。要破除這種結，佛家強調要經由宗教儀式，才能得到解脫，但不是去做不合理的宗教邪行。佛教的儀式很多，包括誦經、法會、奠祭、苦行、懺悔、佈施、儀軌、法器、放水燈等，各有其解除戒取結的妙用。例如念經誦經是為能熟讀經文，深明其意，得到開悟，使能明心見性，當依循某種特定外在戒律時能明辨是非，不為所誤而困惑與煩惱。做法會是講讀特種經文的聚會，基本意義及功能與誦經同，只因這是一種團體活動，更能提升信徒的興趣與效果。奠祭是對往生者或神靈的祭拜與悼念行為，常敬奉花、酒與牲禮，用意在求彼此的平安，或表示贖罪，求能心安。其他儀式目的也都在求化解疑惑，獲得心安。

去除疑結（縛）的方法與途徑

　　疑結是不能解除煩惱的心結。佛家認為要解除這種心結必需經由修定，也即經過細心觀察與思維，用功實踐四念處的觀行方法，確實用功，不可投機取巧，也修行八正道、七覺分。四念處是指觀察身體、感受、心識及世間一切諸法（現象）四個面向，建立持續穩固的知覺，斷除貪瞋痴，從苦中解脫。八正道包括正見（見解）、正思維、正語（語言）、正業（職業）、正命（行為或謀生方法）、正精進（能幫助實現八正道的力量）、正念（想法）、正定（專注力，無雜念）。在這八方面都能走正途，用對方法，必然能解除煩惱，無憂無慮。七覺分也稱七覺支，是指七類判斷真偽的智慧，是聖人的特質，這七類或七支包括念（意念）、擇法（選擇真法，捨棄惡法）、精進（勤奮學習正法，不懈怠）、喜（因得正法而產生喜悅）、輕安（心中感到輕鬆安穩愉快）、定（禪定，心不亂）、行捨（也稱等捨，心無偏頗，保持平衡）。能夠經歷四念處、八正道、七覺分（支）的磨練與考驗，心中的疑結煩惱不盡除，也所剩

無多。

去除貪心結（縛）的方法與途徑

佛家常用四諦除去貪，四諦是苦、集、滅、道四種真諦或真理。苦是苦痛，用苦來除貪是要貪者知道貪中含苦，貪官被揭露可能要承擔坐牢之苦，黑道貪黑錢也可能招來報復，而被殺傷殺害之苦。平民想貪，苦無門路，貪得無道之財也會心不安，夜難眠。貪會使人苦，讓人知有這苦，才能戒貪或不貪。集是起因之意，人因有慾，因慾而生苦，免強滿足慾望就成貪，也會受苦。若無貪的集（因），也就可不受苦。滅是熄滅，由滅其因以斷其果。要不使貪構成苦，就要先滅貪因，人能不貪，並消滅生死之因與苦，就可達無有的涅槃境界。

去除瞋心結（縛）的方法與途徑

瞋是發怒，佛家認為去瞋不容易，屬上乘功夫。強調重要的方法與途徑包括學習《弟子規》、《太上感應篇》及《十善業道經》中的做人基本道理。也要時刻提醒自己警覺不發脾氣，了解現代醫學中發怒是病因的原理。《弟子規》為清代康熙年間秀才李毓秀所作，述說德行教育入門，為人應循的生活規範與修學方法。《太上感應篇》是中國道家善書，取自東晉葛洪所著《抱朴子》，內容主要勸人遵守道德規範，時刻止惡修善，自利利他，闡揚入世行善以求長生乃至成仙的理論。《十善業道經》為斷除一切痛苦遠離惡道之經，從遠離殺生、偷盜、邪淫、妄語做起。所有這些勸人去惡揚善的經典與道理，也都可助人達成戒怒的修養境界。

法言君子中通達自在的道理

　　除了佛家對通達自在有許多經典啟示外，不少古今聖賢的著作言論也都能助達成通達自在的目標。在此再介紹《法言》這套書的大概內容與功效。這書全套共有十三卷，由西漢楊雄模擬《論語》寫成，內容都是儒家傳統思想。後又有晉朝李軌注，及北宋司馬光的集注。

　　如下列舉《法言》十句，供讀者共賞，可見句句精緻，揭露人性本質。1、君仁者，務在殷民阜財；2、君子好人之好而忘己之好，小人好己之好而忘人之好；3、人必自愛也，然後人愛之，人必自敬也，然後人敬之；4、上交不諂，下交不驕；5、修其身而後交，善其身而後動；6、聖人之於天下，恥一物之不知；7、雕蟲小技，壯夫不為；8、羊質而虎皮，見羊不說，見豺而戰，忘其皮之虎矣；9、人必先作，然後人名之，先求，然後人與之；10、水避礙則通於海，君子避礙達於理。以上十句人能學到做到，算也通達，也必能自在了。

社會學的通達自在原理

　　看過佛家的通達自在論說後，我覺也有責探討我所讀社會學中的通達自在原理。社會學的旨趣主要在研究人與人關係的社會現象，較少去關心個人內心的痛苦與解脫之道。但社會學研究也不完全不關心人的心理現象與問題，社會心理學派就會比較關切這些。這學派對人心理現象與變化的看點在與他人互動有關，與他人的心理行為互為影響。據此基本社會心理學原理，要了解個人心理，就不僅要了解其苦痛與排解之道，以抵「通達自在」之境界，也應看

人經與他人互動而得到的快樂、慰藉、振奮等陽光心理。就是要鑽研內心苦痛的種類、緣由與解方，也得特別注視與其有關係的他人或團體及彼此之間發生的事，個人會覺得苦惱，必與其互動者有關，要解除苦惱，也必要從這些社會互動與關係著手。世間事看淺是淺，看深了就不簡單，佛的道理已相當精深奧妙，加上其他學科的道理就更加複雜多變，也需要更費神去理解了。

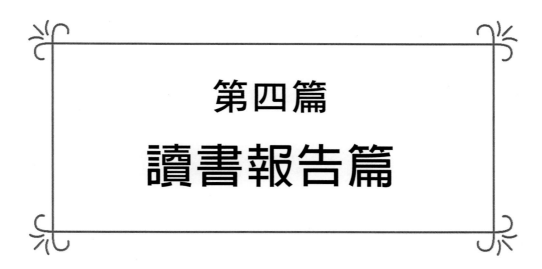

第四篇
讀書報告篇

陳著《風格社區》一書的推薦序
並談我對社區研究之旅

推薦序

　　一生從事教學與社會建設工作的人能夠留給後人的寶貴紀念是：將教學與工作過程與心得寫成文字保存下來。陳茂祥教授一生在大學教學二、三十年，主要領域在社區營造，也幫大學發展推廣教育，打通與連結大學與地方社區營造與發展的關係。他教學過的大學有位於臺中市霧峰區的朝陽科技大學，及位於高雄市的文藻外語大學。由他帶領推動營造的社區包括遍及臺灣中、南部以及中國福建與山東兩省的許多社區。他選擇從事社區營造為他一生教學與實務工作的目標，與其興趣、專業、機緣都有密切關係。跟隨他學習，經過他指導的許多學生，都能得其榜樣與啟發，而得到要領，成為社區營造專家，並負起鄉村社區發展，改善鄉民生活的遠大職志。經他實際推動營造與發展過的社區居民，更能因為改善生活環境與條件，而感到幸福與快樂。

　　回想陳教授在大學時代，曾經是我教學過的臺灣大學農業推廣系的學生，也曾經跟我上過鄉村社會學及社區組織與社區發展等課程，不知他接受我的影響與啟發有多少，但他後來選擇的專業都與這些課程有直接關係。他會致力於社區營造，除了他的興趣與機緣，必也與他原有鄉村背景，熱愛鄉村社區的意念有關。他雖然隨父母長住臺中市，但出生臺灣南部農村的背景使他對農村社區感到關懷

與熱愛。原來他的故鄉與我的村子相距很近，我們還有親戚關係，這些都是後來談起來才知道的事。

陳教授的大作《風格社區》一書分成三冊（或三卷），洋洋灑灑共有數百頁，將其在大學二、三十年教學及負責推廣教育，專攻社區營造的過程、心得與成果紀錄發表出來，不但可供給有志追隨的後學效法，也可供關懷與愛護海峽兩岸社區的讀者大眾參考與借鏡，更值得實際經過他帶領推動營造的社區居民所瞻仰與紀念。全書的三冊（或三卷）是按其工作的先後而分的：第一冊（或上卷）包括他從 1990 年代初擔任學生社團指導者到進入朝陽科技大學負責學校推廣中心的工作開始，至 2000 代末被借調到文藻外語大學管學合作處等多階段的工作紀錄與心得。第二冊（或中卷）是自 2011 年回到朝陽科技大學，藉著通識教育實際推動霧峰地帶的一系列社區營造及文創觀光活動紀錄、心得與成果。第三冊（或下卷）則是自 2015 年到中國大陸福建及山東兩省推動社區營造的事蹟，以臺灣的經驗應用在中國大陸的實地鄉村社區營造實務上。

《風格社區》全書內容豐富，經驗十足，這除了充分展現陳教授對於社區營造的理念與推動方法有充分的認識與了解，也由於他熱愛社區與居民，甚得社區居民信賴與敬仰，工作的成果給社區居民帶來可觀的效益，可謂造福鄉民難以計數，功德無量。陳教授在書中述及實際工作過程與營造的方法甚為誠懇、熱情、有趣，附帶許多照片，更增添不少真實性，活潑也輕鬆，資料極為寶貴，值得出版長留，我能推薦，甚感喜樂！

蔡宏進　謹識於臺北寓所，2021 年 12 月

社區研究的由來

　　社區研究是社會學的一支門，與社會學的其他領域同樣注重了解人類的社會關係與社會組織，但有一特點是格外注重在一定地域範圍內的人群關係與活動，將這種特定地域範圍及其中的人群活動總稱為社區（community）。地球上的人類社區主要有兩類，一類是鄉村社區，另一類是都市社區，前者的地理範圍相對較小，數量較多，分布較廣，每單位人數較少，人民以從事農林漁牧等初級產業為主要生計，社會關係也較親密全面的初級性。相反的，每個都市社區的地理範圍相對較為廣闊，數量較少，人數較多也集中，人民生計多為次級的工業或三級的商業及服務業，人群關係較疏遠淡薄與片面性。後來社區的概念也有點被濫用，甚至將大至國際性結合體稱為國際社區（international community）。

　　社區的學術性研究一般認為起源於 1930 年代興起的芝加哥學派（Chicago school），也稱為人文區位學派（human ecological school）。此一學派將社會研究著重在都市範圍內的區位（ecology），也有譯成生態，被認為是都市社會學的起源者。鄉村社會學者應用人文區位學的原理在鄉村的研究上，稱為鄉村社區研究。因為鄉村社區普遍都較落後，需要較多建設與發展，鄉村社區研究乃常著重在研究社區建設與發展上。

我學習社區學的歷程

　　我最初接觸社區研究是當我在上大學的階段，跟當時剛從美國回來的鄉村社會學家楊懋春教授學習鄉村社會學，以及鄉村社區組織與社區發展等課程，感覺好像從學理上了解我住的小農村。到了

國外進修時期，我有更多的機會接觸鄉村社區與都市社區的概念、理論、書籍、論文、專家與教授等。進入大學當教員時也有機會教學鄉村社區方面的課程。教學相長，為了準備與充實教學內容，我得閱讀更多社區文獻，並尋找機會從事有關社區──特別是鄉村社區的實際研究機會。

很幸運我初進大學當教員不久，獲得兩項單獨研究鄉村社區的機會，一個是約在 1966 年由臺灣基督教福利會提供的「屏東隘寮山胞移住地社會經濟衛生發展研究」，另一個是在 1971 年由聯合國駐臺社區發展顧問單位提供的「臺灣不同類型鄉村社區發展指標的研究」，前者的研究結果由基督教福利會用為實際改善當地原住民的生活，後者的研究報告則由當時的臺灣社區發展協會出版成專書。這兩項研究增添我不少對社區研究的興趣與信心。

參與政府推動鄉村社區建設工作

我因研究與教學領域涉及鄉村社區，約在 1990 年代末及 2000 年初期間參與政府推動的多項鄉村社區建設或發展工作計畫，增添我對鄉村社區研究的視野與心得，這些計畫包括接受農委會委託研究現代化農村的設計，參與富麗農村的推動委員，及省政府地政處組設的農村社區更新推動委員，兩項推動委員的任務是協助政府評審選拔及評估接受輔導與補助建設或更新的農村社區。有這些機會與經驗，使我對於臺灣鄉村社區的建設與發展實務增添了不少了解與知識。

到海外研究社區並參加相關會議的可貴經驗

　　過去我在臺灣大學教書期間，曾有多次受政府多個單位的補助或推薦到國外參加有關社區研究與實際建設的會議或實務工作，包括受農委會推薦由亞非農村發展組織（AARDO）幫助在埃及開羅舉行的鄉村發展會議；亞洲生產力中心（APO）在日本東京舉行的鄉村社區發展諮詢會議，及泰國曼谷召開的亞洲鄉村社區發展會議；由亞洲糧肥技術中心（FFTC）在韓國的首爾舉行的鄉村社區建設會議；由亞洲農業技術中心邀請至印尼西婆羅州叢林地區進行兩次共四個月的農村移墾社區設計；獲澳洲政府補助赴澳研究其鄉村發展政策與都市社區的關係；由國科會或教育部補助參加美國及世界鄉村社會學年會多次。參加這些會議、研究或工作使我也增開眼界，認識與了解亞洲及世界其他國家鄉村社區問題與建設的性質與進程，有助我對社區的研究、教學與實務工作的進步。

書寫有關社區研究書籍與論文獲得鼓勵

　　因為教學以及發展國內社會學的需要，在 1984-1985 年間我與國內社會學界同仁啟動一項社會學教科書撰寫計畫，我被分派撰寫社區方面，於 1985 年完成並由三民圖書公司出版《社區原理》一書，於 1996 年增訂，2005 年修訂，至 2012 年修訂四刷，後不詳，看來閱讀使用者還有其人。一次我到雲南參加兩岸人口會議時，遇見一位中國社科院的某主任，她說參閱過我寫的書，自己也另撰寫一本相關的著作，由是也可確定對岸也在關切社區研究的課題。

　　我於 2003 年從臺大屆齡退休之後，結束在農業推廣系的鄉村社會學與鄉村社區的教學與研究，進亞洲大學接觸休閒遊憩與社會工

作的新領域，激勵我在後來再撰寫一本《社區工作》及一本《社區工作方法與技巧》，分別由五南及揚智出版社出版，算是對社區研究拓寬更廣的領域與視野。

應邀參加海峽兩岸社區論壇論文點評的啟發

多半是因我曾經出版過有關社區的書籍及論文的關係，我在2013 年及 2014 年暑期兩次受邀到廈門參加兩岸社區論壇，擔任論文點評人。我自知非政治要人，會被邀參加這一會議，多少感到有點意外。後來知悉學術歸學術，會中一位素不相識的浙江大學院長自我介紹，是他推薦的，他曾到過中央研究院客座。會議時他也邀請我到浙江大學客座講學，我因需要照顧生病的家屬，只好捨棄好意。

參加會議時間，曾有安排參觀廈門郊外社區實地的建設與發展，加上從會議上發表論文的內容，大致可以看出近來對岸對於城鄉社區的發展與建設也很重視。經閱讀陳茂祥教授《風格社區》第三冊部分在福建及山東推動的社區營造事蹟，都可得知社區營造應是當前對岸正面的治理事項，不僅受政府的重視，也是人民的期望，經過社區營造與發展，社區居民確實能夠改善生活條件。

對故鄉小農村及同類社區變遷與存亡的關懷

我在人生的晚年，與常人一般，不無落葉歸根的想法與感受，偶而返鄉時眼見小時候生活過的小農村人口逐漸變少，一些建築無人居住，呈現破落，田園上違規的工廠與其他建築不少，一則會因工業與都市發展而喜，另一則會因農村的沒落蕭條而憂。在我有生

之年，我希望對這故鄉小農村以及遭遇相同命運的全臺灣千萬個小
農村社區的未來，盡我所知，幫其建設與發展，不使消滅，還能永
續存在與繁榮。

讀李著有關臺糖的論文及
我對蔗糖的記事

喜見前門生李岳道博士研究及完成有關臺糖的論文

約略談論研究臺糖管理歷史的經過

　　前門生李岳道教授修讀碩士時找我當他撰寫碩士論文的指導教授，畢業後他回高雄老家，一南一北，少有聚會，但常有互相通信問候，後來他在香港珠海大學攻讀學位完成歷史學博士課程，我問及將寫什麼論文？他回答正在思考中。考量也略知他的立場與未來的事業取向與研究興趣，我脫口建議找一個能結合歷史與企業管理的題目，或許最合適他未來的興趣與志業。經他自己再仔細琢磨，乃選定有關戰後臺糖產業資源經營管理演變的題目，獲得他的指導教授們同意，再經他認真蒐集資料，思考研判分析，完成了論文，於近時通過口試，並取得學位，可喜也可賀。

論文摘要

　　李完成《戰後臺糖公司製糖產業資源經營管理之演變》的博士論文，其主要目的在探討臺灣糖業公司製糖產業資源經營管理之轉型。分成兩個階段演變：第一階段是從糖廠製糖開始到結束，包括戰前與戰後臺糖公司製糖產業資源的種類，共有新式糖場、糖業鐵道、自營農場等製糖產業資源在日治時期的創造與發展，直到戰後

的發展歷程。第二階段探討臺糖公司關閉糖廠以後，競爭力變低、決策模式變較模糊、組織方式也改變，從這些分析了解臺糖公司的製糖產業資源的活化與利用，而能達到合理的配置與經營。

此一研究將臺糖公司製糖產業資源分成兩要項：一是製糖產業設施資源，包括廠區設施、糖業鐵道與自營農場等，這些資源後來轉變成觀光與文化事業，經營管理都有成效；二是土地資源，探討其活化與利用，增加營收。包括經由出售、出租、開發工業區、變更作其他公共利用，以及自營休閒事業資源，後者包括設立渡假村、發展精緻花卉農業等。

此項研究的理論依據主要是權變性的系統管理理論與概念，再輔以歷史研究法、文獻分析法以及次級資料研究方法等，探討臺糖公司轉型前後的產業發展歷史，藉以了解臺灣製糖產業與臺糖公司隨著政治經濟社會等外在環境的變化，以及因應內外企業環境的挑戰，發展出不同的經營事項與管理內容，從中求取較有效較適應性的經營方法與管理策略。經由察覺臺糖公司產業資源管理的環節與要點，歸納出多重管理內涵的轉變，也提供學界另一種新視角。由論文的內容確知臺糖公司為因應內外部環境變遷，對各項製糖產業的設施資源與土地資源的經營管理都獲得調適途徑，都能更有效利用與管理其產業資源。

臺糖公司今已不再生產砂糖作為主要收入來源，卻能將各項製糖設施與土地資源轉型作休閒事業的經營，使臺糖公司能繼續保有收益來源，維護公司能夠邁向永續經營的企業目標，不至因受到內外部環境改變的影響而呈現長期虧損的問題。

總結臺灣製糖產業受到政治、經濟、社會環境的影響極深，其產業經營與管理模式也隨著環境變遷而不斷改變與調適。現階段因製糖成本高，工商業激烈競爭，使糖業的經營不得不改弦更張，改以發展觀光休閒、精緻農業等土地開發事業，作為新發展目標。未

來臺糖公司仍需面對嚴峻的政治社會經濟演變的衝擊，需要更彈性調整其經營管理策略與方法，才能使公司持續更有效利用產業資源，以獲得更高的收益。

引發我對蔗糖的一些記事

我於獲贈論文之後，細讀其內容，覺得對多半論述的概念都能熟悉，更可喜能從論文中獲得詳細的佐證。我出生在嘉南平原的農家，祖先歷代以農為生，家中的農地每三年輪種一次甘蔗，供給臺糖公司製糖的原料，臺糖與我家及我小時候的生活有密切關係，乃引起我對臺糖的許多記事，在此做些回憶，也當為讀此論文之後的聯想。

製糖原料的甘蔗是農家的重要現金作物

甘蔗是臺灣製糖業的主要原料，製糖的原料還有另一種農作物「甜菜」，但這種作物主要在歐洲的溫帶及寒帶地區種植與生產，我曾參觀過德國的甜菜田。在臺灣甘蔗被農家定位為現金作物，收成後供給糖廠製糖，即可以從糖廠領取現金，或分得棧單將糖儲存在糖廠附設的倉庫，隨時可變換領取現金，是農家當為子女就學或其他較為大筆開銷的主要來源。

甘蔗主要種植在中部以南的地區，嘉南平原及高屏地區是最重要的生產地。嘉南平原的農地每三年輪作甘蔗一次，其餘時間則栽種水稻、番薯與雜糧，也有少數蔗田宿根，留作二次生產。農地會種植甘蔗也因有糖廠設施與政策的鼓勵，日照期長，有利發育成長，以及較少需要用水的多種因素與條件形成。

兒童時期參與甘蔗生產的樂趣與辛苦

因為甘蔗是臺灣南部重要農作物之一，農民包括他們的子女少有不接觸並熟悉種植與收穫甘蔗的作業與活動，我是農家子弟，小時也參與這些作業與活動，有樂趣，也有辛苦。對甘蔗最感有趣的是啃食甘蔗的甜味，農家普遍窮苦，子弟少有多餘的零錢可買零食，啃食甘蔗與採食自種或野生的果實是零食的主要來源。甘蔗汁多味甜，啃食起來極為爽口，也有助磨牙，對牙齒有益，但可能也有傷。

辛苦的活動是在甘蔗田間的工作，當農忙時農家缺少人手，小孩也都可能受命參與田間勞動，可能參與的工作有許多種，大人需要做，小孩能做的，都得做，小孩較可能的工作是到收穫的甘蔗田裡撿拾甘蔗嫩葉飼餵耕牛，或在種植時幫大人丟放蔗苗，也可能受命剝除甘蔗葉，方便採取蔗苗。甘蔗田裡酷熱，灰塵很多，空氣骯髒，工作活動很容易滿身大汗，也不舒服，還會遭遇蜂窩被野蜂刺傷的危險。

追逐運輸甘蔗的五分車

早前臺灣的鄉間公共交通工具缺乏，糖廠運輸甘蔗的小火車，也稱五分車，是鄉民通往糖廠所在鎮上的重要交通工具，我小時也有幾次跟大人隨車看護甘蔗，使在運送途中不被失落。自初中一年到城裡念書，週末回家省親並要生活費用，都要搭乘連接糖廠的小火車，有時出門太晚，或火車來得太早，趕不上時，得跑步到鄰村的轉運站，很辛苦，但也非絕對無好處，可增運動，鍛鍊身體。

約略看過製糖的大廠房與大機器

糖廠的廠房很高大廣闊，製糖機器的形體也都很粗大，平時外人不准參觀，但曾有合乎人情開放給供應原料農民參觀過，記得我曾隨大人粗略參觀巡禮一次，看到壓榨甘蔗成汁的大機器，以及煮熟甘蔗汁成為結晶糖粒的大燒鍋。甘蔗被壓榨成汁，餘留下許多殘渣，都被運到就近的紙廠供為製紙原料，廢棄的過濾泥土則當一般廢土處理，有農民買來置放田中充當肥料，或由糖廠贈送地方鄉民填補道路。

二戰美機轟炸附近糖廠的經歷

到二次大戰時臺灣的工業以糖業最為重要，規模也最大，戰爭後期美軍飛機以轟炸糖廠廠房為重要目標。我家距離鹽水與新營兩個糖廠不遠，新營廠是總廠，規模較大，有一次被美軍選中，飛來轟炸機丟了幾顆炸彈，燒掉存放糖的倉庫，燒焦的糖液流滿地面，糖廠讓附近的居民可自取其用，也等於幫忙清理。不少附近農民都多少取回一些，供給家中小孩當為甜食，我也吃過這種被轟炸燒過的焦糖，味道並不差，但糖廠損失不少。

曾經泡洗糖廠排放的熱水

糖廠除了前述會製造砂糖、蔗渣，過濾土，還會排放煙霧，以及一項較少為人知的熱水，這種水可能是用來冷卻機器後升溫的，排放出來很乾淨。新營糖廠排放出來的熱水直接排到旁邊的急水溪中，並未再加利用。與我一起租屋住宿的一位學長很機靈，發現熱

水的溫度適合泡澡，我也隨他在寒冬的夜晚去泡過一次，果然不輸溫泉的功效。我想這一發現與經驗是我們所獨有的，回味起來不無覺得奇特也珍貴。

糖廠農場上的實習記要

　　臺糖公司還有讓我難以遺忘的記憶要算在大一暑假到糖廠農場實習一事了。在我上大學時代，臺大農學院的學生都要在大一暑假期間花一個半月到農場實習，當時有三個實習農場可供學生選擇，第一個是在臺北校區內的實習農場，第二個是在南投的臺大實驗林場，第三是位於屏東萬巒地區的糖廠自營農場。當時我選擇第三處，到這處實習與在其他兩處實習不同，其他兩處的地主是本校，實習的學生等於是在校內實習，不必繳費，但也不能賺工資。但到糖廠的農場實習等於替糖廠做臨時工，按工作量計酬，可抵膳食費。工作量多，成績好，工資抵費之後，還可能有剩餘收入。在第三處實習比其他兩處更具挑戰性，也更刺激有趣，因此人數也最多。在七、八月間，糖廠農場的主要工作是準備種植甘蔗，我們的實習項目就從剝蔗葉開始，隨後就切取甘蔗種苗，種植甘蔗，割虎爪豆及太洋蔴等綠肥作物，以及用甘蔗葉製作堆肥等。這些事我在家中都做過，都難不倒我，只是下田實在很熱，在太陽下工作，衣服很快濕透，常要脫下在田邊的灌溉水溝清洗後再穿上，也很快就曬乾，一天洗洗穿穿很多次，男生普遍都這樣做，女生就較不便，只好忍耐，但她們的汗水好像比較少，也不會有大難處。一個半月農場實習下來，少有人未體會到農業工作的辛苦，但也都因能勝任此一吃苦的工作，而感到滿意與愉快。

大學與臺糖的多種交流

我對臺糖的記憶還有一項是大學與臺糖公司的合作交流計畫，計畫的項目除了農學院學生到臺糖自營農場實習，還有臺糖派員到大學農學院進修，我就與進修生同班上過課，來進修的都是臺糖的年輕職員，但年紀都比正規大學生稍長，我與他們一起上課，也可得知一些社會知識。此外大學也曾接受臺糖委託，為其辦理講習班，我進臺大當教員之後，曾到過這些講習班講過課，是很寶貴的經歷與體驗。

眼見糖業的沒落與臺糖的轉型

臺灣的糖業約自 1980-1990 年代期間逐漸沒落，製糖工廠也在這期間內陸續關閉，並將設施拆除出售，臺糖的用地大量出租或出售，更改用途，有的蓋建大專院校，有的設置大型醫院，有的變為工業科學園區基地，也有的變為休閒遊樂園區等。在李岳道博士的論文中詳細論述了這些改變。至今甘蔗與製糖產業不見了，但臺糖公司對資源利用管理的轉型有道，至今仍具臺灣最大地主之優越條件與地位，其招牌與名號仍然響亮，可喜也可賀，但其長期以來製糖的豐功偉業從此消失，也不無可惜與可嘆之處。

讀《董事長，愛說笑》的感悟及對其經營企業的觀察

閱讀與觀察的目的

　　我讀《董事長，愛說笑》一書出於偶然，因為門生友人閱讀後轉來，方便就讀。也因正在撰寫本書還短缺幾篇讀書報告，加上本文，可更接近完成書稿。社會觀察與人生感悟除可從生活起居獲得，也可由讀書獲得，過去閱讀的書較多是當學生時被指定需要閱讀的，也常在被要求或被動的情況下閱讀，今日閱讀則較能主動隨興，對增益心智，也較有幫助。為使本文與其他各章趨於平衡，篇幅字數約要在三千以上。

書的由來與特性

　　雖然說凡是看書都能開卷有益，但還是好壞有別，愛書的人一生也常會讀萬卷書，但有些書讀起來很花費時間，但收益有限。相較起來讀完這本書，不必花太多時間，卻能餘音繞樑，多日不絕，很是合算。

　　這本書最大的特色是版面小，只有一般書大小的一半，共有 151 頁，全書估計約 2 萬字上下，書中的文章或笑話連標點符號都算，較長的約在 500 字左右，較短的約僅 100 字上下，由聯經出版公司在 2010 年出版，我手上接到的是 2014 年二版 10 刷，可見買過及讀

過的人已有不少。

像這類的小書，常被稱為口袋書，容易放在口袋裡，隨時可以拿出來翻閱。日本是世界上最喜愛出版這種尺寸較小，紙張較輕薄，價格較便宜，較容易攜帶的口袋書。這類小型書在國內就較罕見，以前曾經見過臺灣也出版過這類小型的流行歌曲書本或七字歌謠手冊，近來都已消失，還存在的都改成較大版面。

書的內容簡介

這本書的書名是《董事長，愛說笑》，副題是《品味人生，快意人生》。由經營 400 多家高檔牛排館的王品企業董事長戴勝益所寫。全書彙集 75 篇文章，也是 75 個笑話或故事。為何他會寫這本書，又為何他會這樣寫，作者沒有明說，但在他的序言中用〈Who is 作者〉，說明他在主持會議時，沒有八股教條，都在講故事，私下聊天時，沒有正經八百，都在講笑話。這說明用講故事可比說教條更能激勵員工，說笑話比正經八百講道理更能贏得人緣與友誼。他將講過或想過的故事與笑話寫出來印成書，目的擺明就在激勵員工，並爭取讀者的緣分與友誼，這會有助於他對王品牛排館與人品的經營。

這本書彙集 70 餘項笑話或故事，沒有分類，題目包羅萬象，有動物，有植物，有靜物，有景象，有靜態，有動態，有兩篇還用英文為題，只有一篇，提到人，但是將老人與狗並列。可見這書範圍是廣闊的，內容是豐富的，但也是沒焦點的，這也許是故事與笑話的本質，若要將笑話與故事設定太多的規矩與界限，就會很難產，既使生產出來，也難笑得開懷吧。在此我也為還沒閱讀過此書，或也可能不會去閱讀的人找出其中兩、三則最短的笑話或故事，略為

陳述其趣味與寓意。

〈鹽〉（第 1 篇）

董事長經營的是餐飲業，深知鹽的重要功能在調味，湯不加鹽或加太多都難以入口，加入適量，湯就變成美味甜口。接著他引申任何有用之物適當就很好，財富、讚美、自由都是，不足或過多都有毛病，財富過多使人恐懼不安，讚美過多使人自大狂妄，自由過多使人無法無天，胡亂作為。

〈漣漪〉（第 19 篇）

這位愛說笑話或故事的董事長看到石頭丟到水裡會起漣漪，小石頭起小漣漪，大石頭起大波浪。這樣一個小現象使他想到任何作為都會起反應，善行結善緣，惡行造惡果，漣漪效應既廣且久。

〈齊桓公的氣度〉（第 51 篇）

史上春秋時代管仲曾經要謀殺齊桓公未成，後來鮑叔牙推薦管仲幫齊桓公治國，齊桓公接受了。董事長建議這種寬闊的心胸人人應該要有，不要存心與人過意不去。

讀後的幾點感想

書中每一個笑話或故事都只寫成兩小頁，與此書有異曲同工之妙的，我以前讀過，印象也較深刻的，有《伊索寓言》一書。《伊索寓言》是古希臘人的文學創作，講了許多有關動物的故事，寓意深遠，對人的生活道德有很大的警惕與鼓勵作用。〈龜兔賽跑〉、

〈狐狸與酸葡萄〉、〈狼來了〉等，都是其中的經典之作。《董事長》一書中講的笑話或故事除動植物，也講人事，寓意也明說對人生的安危、成敗與興衰等影響，但都較像國人的觀察與體會。《伊索寓言》一書所反應的人與事都是西方人較熟悉的。但兩者都能形象生動，富於哲理，都能啟發人的聰明、理智、豁達、沉穩。

對書中幾個話題的註解

　　董事長愛說笑，讓讀者期待著有趣的笑話或故事，其實不少事件都直說事項所顯出或隱含的道理，啟發性與警惕性遠比趣味性高很多。這些啟發或警惕也常點到為止，如果明說或隱喻更深邃，也更廣闊，書的篇幅就要變多，體積變大，重量變重，就失去小巧玲瓏的精緻性了。但一定也有讀者期待能有更多引申討論其寓意與應用。如下我就設想自己除了喜愛能知大意，也喜歡能有更深刻的探討，試將前舉三個最精簡的笑話或故事再多做一點研究與申論。

鹽等的適當調味功能

　　世界上可以調味的物品很多，食物有很多的調味品，鹽是很重要的一種，但許多餐廳或家庭使用味精、醬油、醬料等常比使用鹽巴還多，這會被許多食客認為其他多種調味品比鹽巴還重要。鹽的調味功能在很基本的加減鹹淡度，其他的調味品則可增加鮮美度，不少人會遺忘基本鹹淡度的重要，反而覺得鮮美度更重要。不少社會上的人做的工作是供應消費大眾每日基本需要的食物，農民不被認為重要或有價值，但是穿著光鮮亮麗的在舞臺作秀娛樂觀眾的藝人，卻常被認為是重要的人物，大家願意將大把鈔票往他們的口袋塞，報紙電視網路等媒體也樂意替他們吹捧。農民是鹽巴，藝人是

味精、醬料等調味品。老廚子還能體會鹽巴的重要，許多影迷、歌迷與藝人迷，追逐的則是味精與醬料。

渺小行為的巨大影響與後果

董事長愛說笑，認為小石頭投進水只起小漣漪，大石頭投進水則會起大波浪。世界上偏偏也有小石頭投入水也會起大波浪，以前讀過胡適之寫過每個人不要以為隨地吐痰是小事，有結核病的人吐痰會禍害許多人被傳染肺病或死亡。類似的情況也有近時發生的新型冠狀肺炎，常因一個確診的人，無形中傳染開來會殺死許多人的生命。

氣度的重要與難為

齊桓公的寬闊胸懷與氣度確實難得，能得管仲為相，輔佐齊國有效打擊狄夷異族，使國家富強，功不可沒。但管仲死前卻未能替齊國舉薦賢人，讓三個不堪使用的人：豎刁、易牙、開方得勢，致使他死後的齊國內亂，無一日安寧。使後人宋代蘇洵作《管仲論》一文，指出這過錯不小。由齊桓公與管仲的例子也可見要人寬闊胸懷，又談何容易，賢人尚且難為，常人又豈能易得。

對其企業經營特性的觀察

知名度高發展迅速的餐飲企業

董事長戴勝益經營的王品集團是一家知名度很高的餐飲企業，尤其在青年學生族群中幾乎人人皆知，無人不曉。任何企業或個體知名度高，不外靠品牌與廣告，我與戴董事長本人及王品企業不熟，

但知道這家餐飲企業名氣不小，常從幾位過去的畢業系友，以及從前教過的學生及自己子女與他們的朋友群談話中聽到王品。我一生進過王品牛排店兩次，略為知道店中的設施及服務方式。我有幾位以前教過的門生，後來他們轉到休閒遊憩及餐飲管理的教學單位服務，邀請過戴董事長給學生演講餐飲經營之道。有時我也在電視、報紙與網路媒體上看到有關王品的報導，知道這家企業是臺灣餐飲業的龍頭，店數之多，員工之眾，顧客人數與營業總值之多，都居冠軍地位。知名度高是其業務欣欣向榮的因，也是果，也是經營者知名度高的因與果。戴董事長的知名度與其經營的王品的知名度有互相呼應的關係與作用。而知名度的來源不外靠品牌與廣告，王品與董事長的高知名度應也不外這兩項因素形成。王品的品牌靠食品的精美，以及擅長活動計畫，其中捐贈救災的義舉就甚難得。1999年臺灣中部九二一地震賑災 450 萬元，2003 年南亞海嘯賑災 500 萬元，這些義舉都能提高其知名度。

在同行中規模超大

王品餐飲企業起於 1993 年，開始在臺中設立，很快分布到各大都市，共含 14 個餐廳品牌，到 2020 年時共有 420 家店，累積 27 年績效，到 2020 年時年營業額共為 162.3 億，營運客數達 2300 萬人。員工人數達 16000 人，不但旗下的店家遍及臺灣，也在中國上海與北京、菲律賓、泰國、新加坡等地開設海外分店，成長之快，規模之大，國內其他同行無一可與其相比。

人力與資金管理探究

一個企業的發展，成功管理是主力，而人力與資金兩項是重要的管理事項。王品在這兩方面的管理頗有特色，也成功，才能快速

發展。在人力管理方面由善作遴選、精心培育、適才適用，都是一般成功的企業所必要的人力管理措施。唯王品有幾項特別的人才與人力發展策略，與 32 所大專院校建教合作，使校中的培育與實際工作服務能密切接軌。本身也有嚴格的職業訓練計畫，實施過精簡主管人力，使員工視企業如家庭，都能使人力的利用與發展達到良好的成效。

王品的資金來源有五大方面，包括募資、盈餘轉增資、現金增資、資本公積轉增資、員工認股轉增資。其中由員工認股這一項能增強員工對企業公司的向心力，對於員工熱心工作與服務的效果極佳。但這也要公司經營得法，認股的員工能分得利潤，才能增強員工的向心力。

一家成長速度快，規模大，經營品牌又多樣複雜的企業，能經營成功，實在非常難得。但這類企業，遭遇環境突然大變化時，對資金的調度與人員的增減，也常很難掌控應對得宜。自 2020 年初以來，新型冠狀肺炎肆虐全世界人類，許多國家都嚴格管制餐飲企業的經營，但願王品遭遇這種惡劣流行病毒時，沒被嚴重打傷才好。

企業爭議的觀察

王品企業自 1993 年創設以來，發展迅速，績效大致良好，曾獲多種獎項，成為企業楷模。多年來在國際廚藝競賽中獲獎超過 50 項之多，屢獲《天下雜誌》與《遠見雜誌》服務業大調查評選第一名，並榮獲經濟部頒發優良品牌獎。但遺憾的在《維基百科》的紀錄中我們也可發現幾項不幸的爭議，包括重組牛排之議、桃園衛生局抽檢到食材中含有瘦肉精、調漲價格、顧客用硬幣換套餐、菜湯中用到餿水油，以及使用到頂新的非食用油等，使其商譽多少受損。但這些缺失也迫使其在日後經營上要更加小心，才能維護良好品牌的美譽。

閱讀有關臺灣人的兩本書

閱讀兩本書的緣由

　　我讀的兩本有關臺灣人的書，一本是吳豐山先生寫的《論臺灣及臺灣人》，在 2009 年由遠流出版社出版，另一本是盧世祥先生寫的《我們台灣人》，在 2021 年允晨文化公司出版。吳的書於多年前經由互相贈書而得，盧書則於近日由友人讀後轉來。兩書的作者都曾經是新聞界的聞人，吳曾任《自立晚報》總編輯、社長，並任報社專欄評論時政長達 20 年，也實際參政，擔任國大代表、行政院政務委員及監察委員。盧也擔任過報社副社長、總主筆、總編輯及在大學任教等職。我讀吳書較早，為寫本文，得再重新翻閱。如今將兩人大作一起再閱讀，也可了解媒體人看臺灣人的角度與心情。

吳書的內容簡介及出書用意

　　吳書全長共有 236 頁，分成正文及附錄包括附表兩大部分。全文共 236 頁，實際上作者自稱主文僅有 15000 字，其餘都為附註，如此寫法是為方便讀者精讀正文，使不至失去焦點，但註解及附錄都經用心蒐集而得，也是對主文的細述，都甚寶貴。我先遵照作者的用心，看過正文就知其要義。

　　本書先從世界歷史角度看臺灣，先前是長期的荒島，自 17 世紀以後歷經荷蘭人、日本人統治，經日本的建設，臺灣與世界文明接

軌。二次大戰後被蔣介石接收，經濟發展了，政治卻經過戒嚴控制，後來形成民主運動，出現政黨輪替，人民也期待能長期享有民主的幸福。為能達此目的，作者認為未來臺灣要能深耕人文、要能妥善處理與美國及與中國的關係、要能發展經濟、要能維護自然環境、要能融合多元族群與文化，以及新世代要能奮發進步。吳書對這六項重要臺灣未來建設目標，也從歷史角度探討事態的演變，存在的問題與由來，過去的缺失，以及未來應努力的方向。

　　在此我對其所提六大項未來建設目標，目前面臨的重要問題，及未來努力方向加以摘要。1、人文深耕方面，根本問題在資產空乏，未來應由人民努力創造，政府配合發展本土文化。2、在與中美關係局勢方面，重要問題在於中國的武力威脅以及擔心美國的變調，他寄望臺灣要有防衛實力，臺灣人要有當家作主的決心，能與中國和平相處，政治領導人與外交家要能與美國謀合經濟利益。3、在經濟發展方面，他最擔心經濟孤立以及農地廢耕。對未來的經濟發展，他寄望產業升級、發展生物科技及文化產業以及二次農地改革，提升農地利用效率。4、在環境保護方面，他指出工業污染問題不小，未來發展工業必須兼顧環境保護。5、在族群融合方面，目前的問題還存在族群衝突，造成社會分裂，未來必要由政府與人民具體發揮生命共同體的理念與實務來化解。6、新世代的接力奮發方面，作者並未說出太擔心的問題，但他期望今日教育與科技知識都較前人為優的青年，若能如過去前輩青年寒窗苦讀，力爭上游，並有遠大志向，未來定可放射萬丈光芒。

　　作者苦口婆心撰寫此書的主要用意明顯是在為臺灣前途找出路，基於人類和平，兩岸人民福祉至上，勇於堅持小國崛起，兩岸分立，互不隸屬，共存共榮，而非窮兵黷武，使兩岸彼此和平發展。

盧書的內容概要及出書目的

　　盧書的書名為《我們台灣人》，副題是《台灣國民性的探討》，全書綱要包括自寫前言、臺灣國民組成、前人對臺灣國民性格的分析、日本與臺灣國民性調查與探討，接著從第六到第十一章分別看臺灣文化、政治、媒體、財經、宗教、生活的百象，最後一章是結語。從綱目看來像是一本結構嚴謹的學位論文。

　　在臺灣國民組成方面指出複雜的性質，包括原住民、河洛人、客家人、外省人，為後面從多元角度或面相看臺灣國民性埋下伏筆。前人對國民性的分析等於相關文獻回顧，所回顧前人的分析至少有 15 種，這章就共有 15 個附註，重要的有李喬指出臺灣人有勤奮、忍耐、實際、認命、重視倫常、人本觀念等優點。莊萬壽指出臺灣人的奴隸性、缺乏理性與公民意識。日本與臺灣國民性調查等用於說明資料來源與使用，日本的調查與探討由日本文部科學統計數理研究所提供，報告指出幾點日本國民的特性包括好清潔乾淨、禮貌、堅忍、克己、不給別人添麻煩等。作者要了解日本國民性，因日本統治臺灣五十年，其國民性也會影響臺灣國民性。臺灣的調查與探討除有日本文部提供的，還有美國皮尤中心、政大、中研院等提供的資料，不同的調查指出不同方面的臺灣國民特性，重要者有傳統價值改變、婚姻與性別平等、車禍最使人感到不安、相信有死後的世界、同意生死天生命定、對公共議題意見分歧等。自第六章至第十一章各章探討一個方面的國民性。最後一章以結語結束，有頭有尾，結構完整也嚴謹。書名用國民性而非民族性或公民性，明顯刻意突出國之民，這是臺灣多數人夢寐以求的心願與概念。

　　在第六章盧書敘說臺灣的文化性格，作者從歷史眼光將臺灣的文化特性與內涵從最早的原住民經荷蘭、西班牙、中國（自明末到清朝）、日本、中華民國時期臺灣文化的演變作了詳實的記錄、分

析與說明。各時期的文化性格都由多元的要素所構成，這些因素包括人群、環境、生活方式、政治等，有內生的與外來的。作者對日本及民國時期的臺灣文化特性的論述尤其詳細，因時間長，影響深遠。在日治時代引進開化文化，大力從事實質建設，發展教育，進行戶口普查與土地調查，將臺灣帶進現代化，雖然也實施皇民化教育，因戰爭而未能如願，臺灣母語未被消滅。到了民國時期開始不久就發生二二八事件的慘劇，隨後實施戒嚴的高壓政策，政治進入白色恐怖，文化走向中國化，去臺灣化，臺灣母語式微。後來臺灣經濟發展，但文化未能主體化，成為邊陲。

第七章論臺灣人的政治性格方面，作者指出在歷史上臺灣人未能當家作主，直到晚近經過寧靜革命，才走向自由民主化，但未能建立正常國家。看目前的政治表現絕大多數的政治人物與政黨都把自己利益擺第一，公共利益與公眾福利放在次要。多數政治人物眼光短淺，急功近利，鮮能高瞻遠矚。此外作者還特別強調臺灣實行肉桶政治，意旨執政者將國家名位、資源分餅如同分贓，官位變動頻繁，公權力不彰，藍綠惡鬥，不顧國家利益。政治人物的短視造成許多危機，公民的政治智慧也很不足。總結臺灣政治的發展還有許多挑戰要去面對。

第八章談媒體的性格方面，作者先從清朝的新聞媒體發展說起，主要由教會辦理。到日本時代蓬勃發展。戰後不良媒體充斥，盧先生指出四大弊端，1、媒體成為黨國的哈巴狗，2、像瘋狗般亂叫亂咬，3、中國因素介入，4、網際網路帶來新挑戰。總結至今臺灣媒體公信力低，未能獲得敬重。

第九章說財經的性格方面，在史前時期臺灣以魚、獵、農耕、採貝為主，到十七世紀荷蘭及西班牙人來，輸出鹿皮、砂糖、稻米等產物。鄭成功來後屯墾耕田，也與日本及南洋通商。清代以後大批移民自中國閩粵地區移入，積極開墾。到日治時代，發展農業經

濟，也出現若干輕工業。戰後初期臺灣經濟受到政府來臺拖累，一度變差，後有美援，帶動經濟重建。約自 1980 年代以後經濟發展，不斷因應挑戰。作者對國民政府治理期間的臺灣經濟指出具有三大特性，其一是經濟發展受儒家家庭觀念決定甚深，許多企業都為家族化。其二是政府是經濟活動的主角。其三是出現財金幫的怪現象，橫行金融機構。晚近許多臺商到中國投資也為臺灣經濟的另一重要特性。

第十章談宗教性格方面，作者細說了臺灣宗教信仰的內容與特色。內容自由多元，祭拜活動與儀式很多。臺灣人也有根深蒂固的迷信。多元宗教包括原住民信外來教，漢人信仰儒、佛、道三合一教。祭拜神明設立宮廟，宮廟很多，也為臺灣宗教的一大特色。另一特色是祭拜自然現象，民間信仰也包括敬拜歷史上英雄人物。有關宗教的缺陷，盧經回顧若干文獻後指出數點重要者，包括欠缺情操、功利心態、靈驗主義、被政治操控等。

第十一章論現今生活的性格方面，在這一章作者特別指出兩要點，一點是缺乏公德心，另一點是經濟生活展現多項國民性。對缺乏公德心的實例作者舉出不少，計有違章建築、唯我獨尊、看公保多拿藥、禁菸場所照抽、不按秩序排隊、隨意呼叫救難、亂按手機簡訊、亂丟垃圾、公共場所喧嘩、不守交通規則、坐車占位子等，真是罄竹難書。作者指出經濟生活中展現的不良國民性也有很多，如在爬山小路上亂丟紙屑、任意汙染空氣、穿著不合禮儀、敲竹槓的小生意、一窩蜂的生產、抄短線的賺錢術、追求小確幸、喜歡自行創業、不重視智慧財產權等，事例也真不少。

總之作者寫此書主要用意是在了解與探討我是誰，以及我從何處來的人生基本問題，探討因懺悔自己有過錯誤的認同經驗，像在小學時代，學校教大家都是中國人。也看到許多人對個人或國家的荒謬認同。他所看到複雜的臺灣國民性，從許多方面去認識與理解。

其他有關臺灣人的研究

　　本人閱讀兩本媒體人所寫有關臺灣人的專書，其他由不同角度撰寫臺灣人的書與論文還有不少，就以探討臺灣的人口或人類為名的專書，就有盧在書中多次提到的美國傳教士巴克萊（Thomas Barclay）所寫一本有關殖民時期的臺灣人口與經濟發展，陳紹興教授寫過的《臺灣的社會變遷與人口變遷》。本人也寫了一本《台灣人口與人力研究》，以及另一本《台灣的人類行為與社會環境》，這些書都會有助對臺灣人的了解。

讀後的兩點重要感悟

　　讀過吳豐山先生與盧世祥先生的兩本大作之後，給我兩點重要的感悟：一是臺灣人能有一致性認同很重要；二是臺灣人存有分歧與矛盾的認同是很傷感情的事。如何消除這些分歧與矛盾，達成重要的一致性認同，則考驗臺灣人的智慧與心胸。寄望臺灣人能擅作認知與調整認同，使能增進自己的幸福。

閱讀《逆風蒼鷹》一書

楔子

在 2006 年的暑期，門生顏建賢教授約我一起拜訪精通日本農業的前輩謝森展先生，後由謝先生帶領到辜寬敏先生公司的辦公室拜訪他。我無好禮贈送兩位前輩，僅以剛出版的《台灣的人類行為與社會環境》以及《台灣農會改革與鄉村重建》兩本拙著贈送兩位前輩指教。我也得到謝先生回贈他翻譯日人山口薰著的《公共貨幣》一書，以及辜先生贈送《逆風蒼鷹》一書。謝先生翻譯的書述說現代版的芝加哥貨幣改革計畫，可邁向政府負債歸零之路。辜先生贈送的書是由張炎憲與曾秋美採訪整理辜寬敏的臺獨人生。

書的外觀素描及綱要

《逆風蒼鷹》一書是精裝本，長達 600 頁，由財團法人吳三連台灣史料基金會出版，定價 600 元，自己購買打個折扣也要五百多元。全書共分五大部，即一、走入臺獨人生，二、成長的故事，三、回歸故土，四、戀戀臺灣，五、人生的花道。後加附錄及他夫人的後記。全書洋洋灑灑，應有三、四十萬字。

作者們在書的封底是這樣介紹的：「為了推動臺灣獨立運動，辜寬敏散盡家產，妻離子散，付出所有。最後還被臺獨聯盟開除，兩手空空回到臺灣。他並沒有因此而放棄夢想，繼續為臺灣奮戰

他長征美國，遊說日本；他創辦雜誌、刊登意見廣告、成立智庫；他走遍 319 鄉鎮巡迴演講，宣揚臺灣意識。為了臺灣，他無怨無悔，他始終一生懸命。辜寬敏的快意人生，有悲喜，也有苦樂。為了臺灣，他盡情盡性走到今天，雖不完美，但已盡力。接下來的重擔，就交給我們大家了。」這些介紹說明了書的大意。

辜先生在書的目次之後、內容之前也寫了幾句對一生的感言：「人的生命不能永久存在，如何活則成之在己。要活得有意義或沒有意義，都取之於自己的選擇。生存和死亡，都應該有一種生命美學。」這幾句話表明他的人生哲學，或對人生的基本看法，所以他的一生所作所為也是他自己的選擇，自己覺得選擇了美的人生，無怨無悔。

我選擇對辜先生一生感到較有興趣部分多加了解

讀完《逆風蒼鷹》一書，覺得辜老先生的一生就像他常穿的白色西裝一樣，獨特飄逸。此人有良好的政治才華與家世，卻從沒志願做大官，偏偏選擇對抗強權統治者，身處違逆險境的獨立革命運動。在青壯年時期並未為光大祖產家業努力，卻寧願散盡家財，現身獨立運動事業，難怪他給人的印象就像他常穿著白色西裝的特別。這本書的內容從採訪者對書的簡介及目次即可知其概貌，詳細內容也不必由我再一一重述。我對其中幾項感到較有興趣，雖然其他情節也都很精彩有趣，但我選擇的是我認為較重要，且是還沒讀此書的人可能較想要明瞭的議題。我寫出答案，可供自己存留，也可供大家參考。我選擇的議題如下列標題所示，答案就寫在每一標題之下。

為何一生投入臺獨運動並如何從事獨運

　　辜先生一生投入臺獨運動，眾所皆知，與幾位在日本從事獨運先鋒者如史明老先生、廖文毅、王育德、黃昭堂、許世楷、廖春榮等志士及在臺灣的彭明敏教授等，可同列為臺獨的父執輩人物。這些人物不用說都有一共同特質，不滿外來統治者的獨裁專權，都有不畏懼危險的勇氣。但辜先生回憶他投入臺獨的緣由是起於性格的決定，他自認性格中有某種因子，在某個時期被觸動了，就像漣漪般逐漸散開來。他說這個時間點及被觸動的因子是邂逅《臺灣青年》雜誌，這是一本在日本用日文出版，寫出臺灣人心聲的雜誌，他讀後受感動，就主動投入幫忙，贊助經費。因為他的熱心，後來被推舉為臺大留日同學會會長，得知彭明敏教授被抓，進而加入臺灣青年會，辜曾出任委員長。後來臺灣青年會改組成臺灣青年獨立聯盟，組織的宗旨由不滿蔣介石政權的獨裁，提升到獨立建國。

　　辜氏參加臺獨運動的過程必然要出錢出力，出錢支持獨立運動也是使他散盡家財的主因。從事獨運的經歷包括抗議美中建交、救援被扣押的柳文卿不被遣返、急救張榮魁與林旭無護照居留不被拘留、舉辦二二八示威遊行活動，經歷廖文毅帶頭設立的臺灣共和國臨時政府與臺灣青年聯盟不是很契合的矛盾，幫忙美國的獨盟，協助世界臺灣獨立聯盟的成立，籌錢救助刺殺蔣經國被美國判刑的黃文雄與鄭自才。後來辜先生對獨立建國實際做法的理念與其他聯盟成員的處事方式的想法逐漸出現差異，就辭去委員長的職務。辜先生離開委員長的職務後回想當年的聯盟的同志，各個都有特殊的表現，其中許世楷、周英明、金美齡最聰明，張國興夫婦、侯榮邦和林啟旭四人都默默耕耘，黃昭堂是桶箍，能顧全大局，凝聚不同意見。辜先生也深深體會到盟員都是知識分子，不是革命家，不可能用武力革命。

　　辜寬敏先生前半生參加臺獨的活動到 1971 年臺灣退出聯合國前夕起了大變化，事前他從英國方面得知中共可能入會，臺灣如果願意也可能留住，但蔣介石不能面對現實，辜覺得應從勸告蔣經國著手，乃以不同政治立場但都關心臺灣的心情寫信給蔣經國，急救臺灣人的將來。後來聯合國投票，臺灣要保留會籍無望，蔣經國請其回國共商國是，他寄望由提出諫言可讓政府實施改革，使臺灣人民得利。他確實向蔣經國提出若干極敏感問題，但他們的會面卻使他成為聯盟的叛徒，盟友要他離開，這事被在美國的兒子追問，讓他也有椎心之痛，他的叛徒之過整整被批鬥兩年之久。

政治世家的蒼鷹如何逆風高飛

　　辜寬敏出生鹿港世家，家翁辜顯榮是赫赫有名的重要人物，雖然出身也艱苦，很節儉，但當辜寬敏懂事時，辜家已經是臺灣少數的富有人家。父親共娶四個太太，不是富有人家是辦不到的。辜寬敏的生母是第四任，日本東京出生長大，娘家是普通商家，經營衣料買賣及一座製造醬菜的大工廠，但不如辜家富有。他父親娶他母親是經日本政府介紹的，目的是要拉攏他父親與日本更接近。但他母親相當臺灣化，臺語講得很好，打扮很像臺灣女性，待人也極親切。母親生性慷慨，這對他性格的養成必定會有影響。寬敏先生在日本搞臺獨，母親後來背部神經受傷，終身坐輪椅，行動不便，直到過世，他也未能回家奔喪，母子相隔十餘年，未能見面，難免心痛。

　　我猜寬敏先生自稱逆風蒼鷹，除比喻自己搞獨立運動，行為叛逆之外，也自認在兄弟之中性格與行為同樣是有如逆風而飛的蒼鷹吧。如果他能安份順風而飛，日子可以過得很安逸，很舒服，不必

那麼辛苦。他在書中自稱家人視己如毒蛇猛獸，也可見他與其他兄弟如何不同了，相較之下，他是叛逆的。他共有八個兄弟姊妹，包括一個伯父的兒子，也都視為至親。其中他的四兄岳甫傳下辜濂松一脈。五兄振甫，才學具佳，繼承他父親遺留的五家公司，後來雖然也坐過國民黨的牢，但最後在國民黨內卻有很高的要職與地位，包括擔任海峽兩岸基金會董事長，以及總統府資政等。

辜家興起於辜顯榮與日本政府有密切關係，到國民黨來臺之後除了寬敏先生與國民黨背道而馳，其餘多半也都與國民黨相謀合。他四兄辜岳甫傳下的辜濂松到辜仲亮，也都是屬性國民黨的。辜寬敏先生為何獨自叛逆，從事臺獨運動，後來也加入屬性臺灣本土的民進黨，這在前面一節他投入臺獨運動的經過可說明一部分，但與他在家中的背景應也有點關係。基本上他的父親是很成功也很有權威的男人，雖然娶了四個妻子，子女組成複雜，但大致還能融洽，這給寬敏先生能夠自由發揮，能做願意做之事，不無關係。但也有一段插曲，影響他思考另走特殊途徑，讓其他家人刮目相看。在書中第二部敘說成長的故事中，有一段提到他父親死後母親帶著四個親生的孩子搬出老家獨立生活的事。在他父親死後家庭的管理大權落在五哥振甫手中，振甫先生的母親原是由女傭升級的，當振甫先生握有管家大權時，母隨子貴。寬敏先生母親雖是他父親正娶的，反而未掌大權，但她聰明，意識到此後應該搬出，才能與其他家人較和睦相處。這時寬敏年紀還輕，血氣方剛，有點不服，臨走時在白牆上寫了如下中文意思的日文字樣：「你等著看吧！我也會長成你們要仰頭看的大樹，我一定會得到。」這種剛毅叛逆的個性可能也是他自比擬為逆風蒼鷹的另一意義吧！

拋出「兄弟之邦」的中國政策芻議

　　辜寬敏先生是政治人物，他一生努力的工作都是政治，他早年努力獨立建國運動，出錢出力也冒險，在前面已經分析說明過，晚年努力思考對中國的可行策略，讓他想出「兄弟之邦」這一概念與理論，這是對特殊國與國關係、一邊一國論、一國兩制等策略都無法讓彼此接受的修正。據他所說，這一概念是受到三國時曹植著名〈七步詩〉的啟示，看臺灣與中國的情勢，臺灣是處在中國威脅的一方，被逼到不得不以〈七步詩〉表明「本是同根生，相煎何太急」的心意。這種意念目前不能獲得口口聲聲要以武力統一臺灣的中國領導人所同意，但這是臺灣人釋出的最大善意，也是最後底線。兄弟之邦應該互相協助。過去臺灣對中國的經濟已有可觀的實質幫助與貢獻，以後中國能夠富強回頭照顧小弟臺灣，也是臺灣人所樂見，這一理念有異於統一。辜先生認為中國強調統一，不是實際可行的做法，一來多數的臺灣人已經習慣認同長期以來的獨立分治的事實與好處，二來強調統一會危及亞洲政治生態的平衡，不會為亞洲其他國家及國際所同意。對於未來兩岸關係的發展趨勢，他認為臺灣是移民社會，終究要走向獨立之路，這是臺灣多數人民的願望，也是世界經驗的鐵證。目前臺灣內部要努力的是健全一個正確政治理念的共識，兄弟之邦是他想得出處理兩岸關係的最好理念與辦法。

他的人生花道哲學

　　花道是日本歌舞伎舞臺與左邊休息室之間的通道，演員登場與退場都要經過這通道。辜先生用花道比喻自己從人生舞臺退出走過花道時，如何以成功的姿態面對觀眾。他的重要規劃是將一半的財

產留給子女，一半還給臺灣人。這樣做一方面符合做人的基本倫理，包括對得起子女，吻合他父親的遺願，對得起自己熱愛的臺灣，也符合由生到死的生命美學。可見他思慮嚴密，能夠面面顧全。

閱讀一本布衣卿相的傳記

書名及作者寫書的動機與本人閱讀的旨趣

書名及寫書的動機

　　我讀的這本書名為《據實側寫蕭萬長》，由名報人吳豐山先生所寫。這書早在 2012 年由遠流出版事業公司出版。我於 2013 年獲作者贈書，今重新閱讀，雖然所述都為舊時故事，但趣味還新，讀之有味。為應對作者慎重寫作，書中主角認真為國做事，我也於認真再讀後寫些文字作為交代。這書共有 367 頁，紙質精美，可列印清晰照片，質量也較厚重。作者寫書的主要目的在闡揚一位政治家的風範，讓新世代學習奉獻國家。

閱讀與撰寫本文的旨趣

　　我曾獲作者贈書，始於他的最初名著《今日臺灣農村》。因為他我都出身臺南農村，同樣關心臺灣的農業、農村與農民，年齡不相上下，初見面相識時他是政治學的研究生，我剛進大學教書不久，見他在報上發表的時論文章鏗鏘有力，能衝擊影響時政，以後更愛讀他寫的文章與書籍，並介紹過給聽課學生。愛讀其書也因他立論公正，這也與其能保持沒有政黨色彩，可不受黨派約束有關，在活躍於媒體與政界的人當中，能如此超然者並不多見。作者長期撰寫時論，文筆練達，犀利嚴正，但無惡言傷人，千古可貴，值得當今及後人學習與效法。

　　我讀此書除了因為作者的著述值得一讀，也因從閱讀此書不僅可知一位有作為政治人物的成就事蹟，更可窺見過去臺灣經貿與社會政治發展過程的概貌與內幕，都為國家大事，當為現代國民應有所知，但實際上我所知有限，讀此書可補充許多原來我不知或知之模糊的知識，也可從獲知重要知識中學習到難得的智慧，益處良多。讀後簡介內容並寫些心得，會有助自己增進對書內容的理解，並將書中榜樣留下記錄，也有助與他人相互切磋。

書的內容簡介

從綱要窺見書的內容概貌

　　這書自序言細說從頭以後共含六卷及五個附錄。從這些綱目就可知書的大概內容。六卷名稱是，1、試煉，2、一戰成名，3、躍上歷史舞臺，4、拜相組閣，5、在野歲月，6、重返榮耀。明顯按時間先後書寫的。先從小時的成長與受教育開始，而後到從政各階段加以記事。五個附錄是，1、大家都談蕭萬長，2、蕭萬長與我，3、公餘生活集錦，4、蕭萬長大事年表，5、五十年經貿統計綜整表。附錄 3 蒐集不少生活照片。附錄 4、5 都為列舉式資料。接下我將六卷主文內容及第 1、2 附錄內容摘要說明於後，供為了解書的大意及認識書中主角的大概。

六卷主文記述書中主人成就與貢獻的歷程

　　在卷一〈試煉〉部分作者說明書中主人翁的家世、青澀少年、寒窗苦讀、外交官換跑道、貴人汪彝定等。家世方面指出生臺灣嘉義市郊農村，父親務農兼菜販。青澀少年時期自稱求學過程乏善可

陳，實際上能考進嘉義中學，算很優秀。大學考進政大外交系，再進研究所，寒窗苦讀，畢業當完兵後考上外交官特考。首任外交官職務是馬來西亞副領事，隨後升任亞太司科長，後請調國貿局，獲長官汪彝定提攜，在國貿局磨練六年。

在卷二部分作者述及蕭萬長在中美斷交時以國貿局副局長身分赴美國華府談判臺美貿易新關係，爭得永久最惠國待遇，一舉成名，使臺灣能夠保命。

在卷三部分記述自民國 71 年 1 月至 86 年 9 月，約 15 年半時間擔任國貿局長、國民黨組工會主任、經濟部長、經建會主委、陸委會主委及立法委員等要職，努力規劃推動發展臺灣經貿，利國利民。所有大小規劃與實施經貿政策項目有三、四十項，這是他一生政績的重心，作者對其成就與貢獻加以詳述。重要者包括主張開放與中國貿易、加強與美國平衡貿易、研擬參加 GATT（關稅及貿易總協定）及 WTO（世界貿易組織）、規劃全民健保、提出物價問題因應措施方案、開發後勁五輕、興建雲林六輕、實施促進產業升級條例、通過臺灣入會 APEC、重返 GATT、規劃亞太營運中心、推動經濟振興方案、完成新十二項建設規劃、宣布兩岸關係以經貿為主軸、成立立法院財經立法促進社等。

卷四部分論述拜相組閣期間的重要事蹟，包括選拔內閣人員、應對亞洲金融風暴、落實精省工程、重建九二一大地震災區、建設高速公路網、促成高鐵建設與營運、全方位關照國家建設、設立許多新制、包括設立科學園區、放寬農地農有、落實農地農用、改革賦稅制度、實施國民年金制度、實施老人與兒童福利制度、推動公務電子化等。

穿插幾篇他人對主角的評述

　　附錄 1 由媒體及產官學名人共九位就自己與書中主角蕭萬長的關係及對他的認識與了解，道出觀感與評價，焦點都針對其政績與人品等。有人說他為人謙和；有人說他歷練豐富，樂於助人；有人誇獎他對經貿專精，政績卓越；有人稱讚他無私奉獻；有人誇耀他胸懷萬里情義長；有人以他的名字作文，說他萬丈長情重然諾；有人從與他交往的經驗看出他學習能力強等的優越人格特質；也有人強調他是有為有守的好公僕。多位名人都說得有憑有據，當然也都是正面的。

作者記述與主角往來互動突顯主角的為人處事作風

　　附錄 2 分互動實錄與補述兩小部分，互動實錄記述主角與作者兩人長期交往互動中對有關國事的商討，外人可從中獲知一些政治的巧妙與可公開的秘辛，都會有趣。從兩人互動的實錄可知兩人私交甚篤，能變成深交益友，作者只說有緣，並未多說明相識的緣由，在此我或許可略加猜測。一般人能長期成為至友，先決條件是能合得來，個性與理念契合或相近，也因志同道合。蕭吳兩人同是出身南部農家，對政治都有深刻的認識與興趣，並有相似的態度與看法之故。吳社長又具有敏銳客觀公正的政治智慧，又能信守分寸，像古時軍師之才幹，最能為政治要人喜愛諮詢的對象。

　　互動實錄共列舉兩人自 1997 年 8 月以後至 2011 年 7 月約 14 年間，也即蕭擔任行政院長以後，再經過下野、任黨部副主委、擔任扁政府的經濟顧問、榮任副總統等。實錄只選擇可公開部分，共有 76 件。作者自稱這些實錄只占全部記錄的幾十分之一。內容都記錄些蕭院長或蕭副總統諮詢作者有關時政的想法或難題的意見，使思慮能更周全，作者給的意見或建議都能被欣然接受。他們互動之

自然，常在邀約一起吃飯或打球時進行的。

　　在補述部分共含四要點，1、許多互動實錄表示蕭院長碰到問題時重視廣泛周延的諮詢，2、依蕭院長的經驗，一個政治人物要有貢獻除自我磨練外，還要能久在其位以及能獲得直屬長官的信任與愛護，3、實錄跨越的時間長達十四年，國家情勢變化很大，政治鬥爭也多，蕭院長都能排拒，難能可貴，4、未來臺灣要能生存與發展必要走向自由化與國際化，這是學外交，又精心研究經營國貿的蕭院長與蕭副總統一貫的主張，書的作者也認同。最後書的作者寄望新世代青年要能以學習蕭奉獻國家為榜樣。

我對書中幾項議題的感悟

努力推行政務也會遭遇難題

　　從這本傳記的書中看到主角一生當官從政大致都很順利，並有良好成績，這與他認真做事，又能得法，甚獲長官賞識有關，但也約略提到幾項不很順利的事，包括 1、推動臺美貿易被不滿斷交的民眾丟雞蛋；2、策畫的全民健保經費有破洞；3、亞太營運中心的規劃毀譽參半。這些難題表示政事多元複雜，完美的推行實施不易，會有難題有時出在政事本身，有時出在參與工作的人員，包括自己或同僚，也有可能出自政敵或其他外在因素。像蕭局長、蕭主委、蕭院長、蕭副總統不與人爭不與人鬥的人，仍免不了會有人不願，不能或未能與他同調配合，結果就會有未如他所願，可見政治難有一致性，也很難為。

成就因素除自己努力受長官栽培，也要用人得當

《據實側寫蕭萬長》這本書中多次提到蕭局長、蕭主委、蕭部長、蕭院長能有傑出貢獻與能獲得直屬長官的信任與愛護有關。事實上一位高階的政治人物，用人比被用的人還要多很多，成就因素中，所用之人要得當也比獲得長官的信任與愛護的重要性有過之，無不及。官位越高的人，也越必要注意用對人。

政黨輪替後還受邀承擔要務的不尋常境遇

在政黨輪替之後，國民黨變為在野，原來的蕭院長也淪為在野人士，但實際上蕭院長並未完全出局，因他的經貿長才，被陳水扁總統禮聘為經濟顧問小組副召集人。這事也諮詢過本書作者吳社長（《自立晚報》）、吳董事長（公視）、後來的吳監委，吳以經濟應不分黨派為由給以支持。這種曾任在野黨閣揆高位的人能獲對立的執政黨委以重任，是政治上不尋常的境遇，也應留下佳話，但後來畢竟因為黨籍不同的不便而請辭離開。

為現世大官寫傳不易

這本據實側寫的書，寫的是一位最後的官階是副總統，是一人之下萬人之上的大官，由於兩人交情深厚，彼此了解與信任充足，寫起來暢通無阻，但作者在書中使用的兩人互動實錄僅占所有的幾十分之一，未用的當中說不定還有更能使讀者感到興趣的，作者選擇不用，可見要寫他人傳記是要特別謹慎，尤其是寫一位高官。若稍有差錯可能傷及書中人物或其他位居要津的他人，也會傷到作者本身，更有可能洩漏政治機密，傷及國家安危與發展。作文寫書都是白紙黑字，萬古長留，尤其要為他人寫傳，更不可不慎，作者明

白個中道理，知道如何拿捏。

布衣卿相給一些聯想

　　布衣卿相是指由平民出身的最高行政長官，直接幫助帝王處理國家大事。在中國春秋以前稱為卿，戰國以後稱為相，不同朝代使用名稱又不相同，有稱為宰相、承相、相國等，相當於今日的行政院長或總理。卿相的職位由皇帝認命，無一定的任期，但今日的總理有任期制。行政院長則由總統認命，也無一定任期。卿相是自古以來一般人包括窮人能晉升自己地位與名望的最高境界，晉升的途徑主要由受教育參加科舉。許多歷史宮廷劇中有關卿相角色的重要故事，除輔佐皇帝處理政事，也見有處境詭譎難測、形勢險峻時，圓融的宰相能應付得宜，明哲保身；私心較重者，結黨營私，貪贓捻財，甚至篡位為王，後來身敗名裂。本書作者看蕭院長一生為官之路到達卿相的行政院長高位，再晉升到國家副元首，都能謹慎排除介入黨爭，清廉自持，進退有據，相當難得。這些特質有可供給許多從政後人借鏡之處。

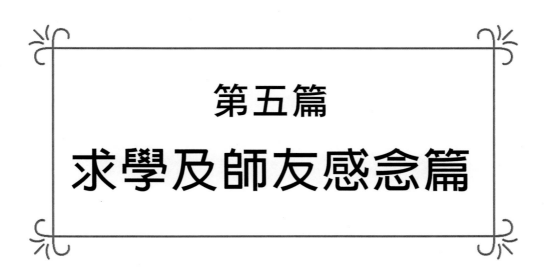

第五篇
求學及師友感念篇

小學時代的啟蒙學習與老師們

就讀一所歷史悠久的鄉村小學

　　我的小學名稱是歡雅國民小學，名字很雅，是當時台南縣鹽水鎮第二老的國小，第一老的稱為鹽水國小，位在鎮街上牛墟旁邊，都是自日治時代就設立的。我父親就與我是同一小學的校友，只是他讀的時候是用日語上課，我讀的時候先用臺語，後用北京話的國語。我們那一年的新生先在三月入日本式的小學，九月再進中國制的小學，因為我們是在 1945 年戰爭結束第一批入學的小學生。

　　我的學校所在地是一個較大型的農村，離開鎮街約有四、五公里，學校的校區範圍很大，包含周圍十幾個村子，我的村子位置在最南邊，從村子走到學校要經過兩個小村，約要花一小時，從最遠的村子到校要走一小時以上。入學時新生有兩班，男生多於女生，我們村子的新生全部是男生，女生都被父母留下幫忙農事。

入學時的隱約印象

　　在日治時代鄉村的小學有一部分的老師是日本人，我們依照日式的學制，在三月入學，感覺上日本老師好像沒幾位，可能在短短一、兩個月內也沒認真上過課，因此也沒見過太多老師。我說沒認真上過課是因為到學校不久美軍的飛機就來轟炸或掃射，學校就將我們趕回家，幾乎天天都這樣，所以入了學並沒真正上過課。印象

中只一次升旗典禮之後上過體育課。老師是一位矮胖留有鬍子的日本人，穿著背心與短褲給我們上課，要我們隨他舉手彎腰做體操，整隊行走時他用兩根木棍敲打出聲，讓我們配合步伐，樣子有一點好笑，這印象深刻，其他一點記憶都沒了。五月戰爭結束，學校停課，到九月再辦理一次入學，接著國文課是先由臺灣老師用臺語教「人有二手，一手五指，兩手十指。」再後用北京話教「我是臺灣人，你是福建人，他是廣東人，我們都是中國人」。

低年級時看過住校官兵煮飯吃飯

我在小學低年級時有一段時間學校禮堂住進從中國大陸撤退的軍隊，該是一時撤退的人數超多，缺軍營可容納，而分散到各學校。我們的小學就空出大禮堂，讓部隊住進來。我們鄉下的小孩很好奇，看他們煮飯以及圍在地面吃飯，下課時間也會與這些阿兵大哥問東問西，最常問的問題是他們的老家在哪裡，記得我問到一位長沙人，讀過書，很斯文。駐軍全部時間約有數月或一年吧。

遭遇兩件創傷心靈的事

我讀小學六年下來遭遇與學習到的事物也有不少，在這裡記憶兩件很傷心靈的事，一件是無心的誤會造成的，一次是不很合理的違規。誤會造成傷害心靈之事是我們一群同村學生在回家途中，路過辦喪事師長家，大家一齊好奇伸頭向內看，被誤解幸災樂禍，而被罰站被罵，其實我們並沒這麼壞，真有點冤枉，對大家的心靈不無創傷。第二件是我個人被指控在校外買零食吃，在朝會時照慣例被叫上臺，面向全體同學悔過，當時我讀五年級，是幾乎大家都知

道的全年級第一名學生，告發我的是全四年級第一名學生，使我覺得很沒面子，真想找個地洞鑽進去。現在想到今日若也將買零食吃者治罪，會是過度嚴苛，但按當時的規定我確實是違犯了規矩。

小四老師使我讀書有感

我對小學一至三年級上學讀書的經過沒有明顯與深刻的印象，只記得老師是女的。到四年級時讀書就比較有感，老師是一位福州少年劉祥福，毛筆字寫得很好，我看了很喜歡，請他是否能寫一些字讓我學，他果然寫了一本字帖送我，我視之如寶。劉老師隻身在臺，有人熱心給他說媒，娶了我班上一位智力有點障礙同學的姊姊，但我沒見過師母她是否與弟弟一樣。老師能說北京話，我的國語文有很大的進步，那時候老師對課程是全包的，導師要教國文、數學、社會與自然，學生覺得老師好，功課也會學得好。學期末老師對每一學生都寫評語，我得到不壞的五個字「聰明又用功」。那時候還不知有「小時聰明，大未必佳，老時了了，與草木同枯。」的警訊。聰明我沒特別感覺，用功我有一些記憶，我讀書沒書桌，是坐在飯桌邊長板凳上，背靠紅磚牆壁，藉用煤油燈光看書與筆記，強記應付考試。打瞌睡時，身邊放一盆冷水洗洗臉，實踐「今日功課今天完，明天還有新功課」的明訓，到全部讀完記完，入睡前已經半夜，冬天手腳都冰冷。有時班上第二名的同學老是問我書是怎麼念的，我告訴過他這些秘訣，但他命較好，父親在鎮公所上班，一定有書桌用的，但一定沒像我有靠背的牆壁，坐著靠著很能安定心神，讀書記憶效果奇佳。但我這樣苦讀強記，考試成績雖好，所得知識僅限於課本與上課時記下的筆記，不知這些以外還有更多課外讀物的知識來源，如今想來，這樣學法表面雖然成功，實際是失敗的，但

對後來的學習也有一點幫助是，刻苦的精神很有根基。

小五老師給我榮譽與信心

我到小五時學校將我們分成升學班與放牛班，多半是由家長意思決定的，放牛不僅是象徵，是實際的工作，農家子弟沒升學就一定要放牛或做其他農事。我父親是典型的農人，多半的農人有一缺點是重男輕女，兩位妹妹沒念書，卻讓我進升學班。我分到的新老師方錦靈是一位身體高大強壯的男老師，一百米賽跑選手，但右手指少了兩指，是在「炸魚」時將炸藥丟太慢被炸傷的。在方老師教導下，我的成績保持前茅，有兩次以校內第二名成績被選參加縣級的注音及作文比賽，第一名是天才型的六年級學長蔡家成，他到縣級參賽都得過獎，畢業後全校唯一考上台南一中初中部，後升高中部，一路上臺大醫科，成績都很好。聽臺大醫院李源德院長告訴我，他們的老師很想留他在母校醫院服務，但他父親要他回鄉開業。

我兩次到縣參加比賽都落敗，注音比賽的題目是六年級國文課文，那時我才五年級，沒讀過，許多字注不出音來。作文比賽出的題目是旅遊記，寫完出場帶隊的老師問我寫些什麼，我說寫一些有關參觀台南孔廟的事，老師問我實際去過沒有，我說沒有，他一聽心裡有數，完了。我自己也莫名其妙，實情是一時情急將到鄰村看關公廟當遊孔廟寫，是自作聰明，以為旅遊一定要到遠一點的地方才算，到鄰村怎麼能算。

我說方老師給我榮譽與信心與兩次代表校方參加縣級比賽有關，兩次比賽時間都正好遇到校內月考，我無法參加校內考試，方老師都給我定心丸，每科都以全班最高分當成我的成績，這樣我鐵定可得第一名，雖然不是我自己考的。但我想同學們應該也沒意見，

他們不會懷疑我自己考也能得第一。後來五年級還沒上完，方老師上進心強，考上岡山空軍子弟學校的老師職，待遇一定較好。他離開了，我很捨不得，寫過信給他，他回信裡有一句我記得較清楚的是，他抱定我以後一定成功，雖然是鼓勵的話，但確實也給我榮譽與信心，將之記成終身的使命，其實中途也有遺忘的時候，但還是會時時想起來，覺得不能辜負他的好意。如今方老師可能不在了，若是還在，他能驗收到的也只是我還堅守書呆子位置的成功而已。

小六老師增我升學實力

到了六年級換的新老師是教升學班的能手邱錦松老師。他教我們上一年的升學班就教出一個考上台南一中的蔡家成學長，有了不錯的口碑，校長要他繼續教我們這一班。邱老師是蔡家成學長同村孫厝里的人，位置在學校的西邊。他是自日治時代就當老師的人，換了政府他都奉公守法，忠於政府。到國民政府之後老師對推行國語運動都很賣力，對不好好學國語的學生都會罰拉耳根，他處罰最多的學生是我們同班的邱英俊，是老師的警察堂哥的兒子。邱老師教學認真，也懂有效的教學方法，教算數時常叫學生到黑板前解題目，他邊看學生推演的步驟，看到妙處會說「上台南一中沒問題」這話，有一次他看到我解答的過程超出他的想像，大聲呼出這一句。他教學認真之處還可從禮拜天約全班學生回校看出，重點在測考《升學指導》一書的內容，每次以十題為範圍，他抽考兩、三題，答對了，算十題都通過，目標到全部都會。我那時候記性不壞，通過十題之後在排隊等考時間，又記會另十題。約兩個小時內，我來回排隊許多次，也通過幾十題，最後老師說我通過太多題了，不再讓我考了。邱老師退休前幾年被奉派到我們村新成立的小學當校長，他

的三公子也娶了我四妹當媳婦。在我村當校長期間對學校建設及對學生教學之認真村人皆知。我的一位唯一讀到師範學校畢業的女同學蔡碧玉幫他教過升學班，教出漂亮成績單，她自己也教出兩個醫學博士、都在臺大醫院服務的優秀兒子、一位女博士教授，及一位師大數學系畢業的優秀女中學老師的女兒。邱校長的後代則有當銀行員、當縣教育局長、當老師、當鎮農會總幹事等要職，是位成功的教育家。

校長的感人愛心風範

我小學畢業前的黃三喜校長是位令人敬佩的老教育家，也是出身自日治時代附近農村的教育家，愛心治校，教育學生，使人感動。後來調換到附近柳營國小當校長，臨走時家長們捨不得他，也感謝他，為他辦理宴會送行。

黃校長任內我親自遭遇他如沐春風的兩件事，一次是我們村的學生與赴校途中另一村的學生發生衝突，約好一個週六中午在回家的途中要互相打鬥，這事被校長知道，在放學前集合兩村學生，訓話一頓，以免造成傷害，讓父母傷心等為由，勸大家撒手，停止團體互鬥。學生不敢不聽話，從此一場經久衝突事件，及時停火，後也沒有人敢再提起。

另有一事是我畢業時，我得縣長獎，但只獎狀一張，高文瑞縣長並未致送獎品，不知是失忽或有意。但第二名以下的鎮長獎、農會總幹事獎、家長會長獎，獎品都有一大包。校長大概覺得對我有點不公平，於典禮後我們還須到校準備升學時，補送一份《中華日報》駐義竹辦事處主任贈送的一本字典給我，我接過後感受到校長的愛心與溫暖。畢業後他到柳營國小當校長，有天晚上我與租屋在

新營的同學一起看電影，與校長同場，但不敢向他請安，不知他是否認得出我們，我心中總覺得對不起他，難過很久。

中學時期的學習課程與師友們

本章述說的要旨

我的中學時代六年都在台南一中就讀，有關學校的優點等種種特性，有資格說話的人很多，輪不到由我多嘴。本章所寫的僅是從個人角度看母校，說些個人在校時的經歷與感受，而非對學校的檢驗或批評之意，也非要特別宣揚。因此若有校友或熟知學校的人，對我所寫有不同看法，請不必太緊張或苛責，這些純是我個人的回顧，不是在求客觀的評述，若覺得所言也有同感，也請看看就好，不必認真追加。若認為我太主觀，很有可能也自然。

考進一所令人稱羨的中學

我在初、高中兩次進入台南一中當學生，都是經由升學考試錄取的，不像當年從初中到高中有一些人是因為成績優異被保送或直升，也不像晚近有些升高中的學生是經由多元管道選取，像是甄試、申請入學與登記分發等。升學考試的題目大家相同，衡量標準是依據考試分數決定，能考上都很客觀公正。這所中學一向被社會大眾所稱羨，也被莘莘學子所追求。有幸我兩次都能考上，在校學習與薰陶六年，獲益良多。這所學校被人稱羨主要是培養出許多人才，知名人士真多，政要就有前總統陳水扁及前立法院長王金平，學界有一位前中央研究院院長、美國國家科學院院士，也是世界知名沃

爾夫化學獎得主翁啟惠，知名電影導演有曾獲得兩次奧斯卡金像獎及其他多項獎的李安，也有臺獨的大老黃昭堂等，其他享譽國際與國內的專家學者名醫與企業家等一大把。

　　當然國內著名的其他男校中學還有多所，臺北的建國、成功、新竹、臺中一中、嘉義與高雄等中學都是佼佼者。好學校中的好學生都能出人頭地，成功成名，原因除了老師好，校風好，還有兩個重要因素，學生的資質好與努力用功。好學校在升學考試過程中選取優質學生，良好校風也能薰陶學生努力用功。我進入到這所學校後，必然曾面對所有資優同學們的競爭壓力，以及大家戰戰兢兢的學習風氣，也沾到了不少幫助成長的雨露。

結識若干同窗好友

　　多半成長中青少年進到中學以後有兩件是必然會遭遇與面對的事：學習功課與結交朋友，交友都是從身邊的同學開始相遇與選取。有些中學生的特質是比較愛玩不愛念書，彼此影響而成為另一種風氣，就會出現太保太妹學校。台南一中的學生都是經過選出愛讀書功課好者，進到學校後都還保持原來愛讀書的良好習慣，因此我在這個學校六年所認識的較要好朋友，對讀書也都有相當愛好，除了要顧及規定的功課，避免被當，也懂得借閱課外讀物。要好的同學朋友之間也養成一些傳閱好書的習慣，記得有一天下午我進過學校圖書館借書時，發現地面上撒滿一地的圖書卡，隔幾天後一些學生都被記小過，我的名字也在其中，因為那天有進圖書館的紀錄，但至今我還不知道那些圖書卡片為什麼會掉落在地上。

　　我在中學往來較密切的同窗好友有許多位，有一些是到畢業後才較熟悉，也才有較多交往。其中五位與我交情不錯但已過世者，

包括郭幸江、吳泰隆、郭慶煌、黃文雄、鄭慶海等，在本書的〈悼念幾位中學同窗好友〉一文中我已有記述。在此再提幾位與他們在校期間與畢業後的一些過往，如今也還偶而會相聯繫者，做些回味與記錄。老家同在鹽水鎮的范宏明兄如他所說我們是最先認識的南一中同學，因為我們住在同一鎮上，是當年全鎮唯二有考上南一中初中部的人，考上後我先找上他請教如何按學校通知到興文齋書局購買教科書的事，在那時候我只在參加入學考試時到過台南市區，對台南不熟，當時宏明兄的叔叔在成大念書，每天通學台南，買書的事就請他幫忙解決了。在校六年宏明兄一直通學鹽水與台南之間，每天早上約在五點鐘就要起床，晚上回到家大概也已經七、八點了，辛苦情形比我有過之無不及。但成績一直保持優異，高中畢業不必參加聯考，被保送成大土木系。我認識與了解的宏明兄很像老禪師入定的一個人，大學畢業後並不急於去美國進修，先留校當助教，後得公費到泰國亞洲理工學院進修，再轉往美國的馬利蘭大學修讀博士，長時間在普林斯頓大學從事研究，到退休，至今一直在紐澤西州定居。在多年前我到紐澤西看小孩時，與他等共九位高中同學在紐澤西聚會重逢，包括范、我，之外還有曾信雄（醫學化學科學專家）、莊六雄（農部官員）、林資深（化學專家）、葉明能（婦產科醫師）、胡超雄（州政府工程師）、謝哲夫（土木工程師，已過世，是我內人姑表兄）、陳文祥（醫師）等，大家相見甚歡，並感珍惜，後我一家與友人又再到普林斯頓參觀 Jonson & Jonson 博物館，再受宏明兄招待一大餐，很感謝，也過意不去。近幾年由他轉接，加入重心在台南的幾位同窗網路通訊群組，彼此互動增多不少。

莊六雄兄定居華盛頓 DC 附近，已從美國農部退休，過去我幾次到華盛頓 DC 及附近參加學術會議時都會與他碰面，曾參觀過他辦公室。他回臺幾次都有見面，他關愛臺灣之心十足，令我敬佩。

近年來大家變老，通訊也變少。曾信雄兄老家住下營，離我老家很近，我與他四兄弟都熟，他曾住西點軍校附近，我在布朗大學進修時到過他家，順道參觀過西點軍校。他現居紐澤西，幾乎天天透過手機互相連絡。李英男兄現住南加州洛杉磯，大學畢業後先到日本進修法律，後轉移美國從商。在臺大念書時互相交換過《自由中國》雜誌，畢業後也偶有連絡。我第一次經洛杉磯搭飛狗車到留學目的地的明尼蘇達州明尼阿波利斯市，啟程前在英男兄的租屋處過一夜，並煮了一打雞蛋，一路上當飯吃，經三天兩夜的行車，見過美國幅員之廣大。此後到過洛杉磯參加會議時，由英男兄帶路參觀過杭亭頓圖書館花園，至今難忘。陳煥隆醫師在學時我曾住過他家準備考試，大學時他到高雄醫學院學醫，後又到日本進修。到他在台南老家附近忠義路的醫院開業時，我趁到台南出差的機會，於他看診下班後拜訪過他一次，受他夫人用藝術性的切柑留蓋接待，留下深刻難忘印象。黃文雄兄最後追思紀念會結束後，受煥隆兄招待午餐，後又一次與慶海兄約定開車到火車站接我到過煥隆兄住處，匆匆再見過面說過話，迄今也已多年過去了。我與張銘澤兄曾經在台南市政府開會時，先陌生後認出而重逢，過後相約到南寶、南一及嘉南高爾夫球場打過幾場球，領教過他接近職業球技的洗禮。近聞他花不少錢修補過牙齒，可知也都面臨健康下落的問題了。蔡迪男兄是到高中時才從北港來台南就讀的，在校期間曾經在我腳踝受傷時，用腳踏車帶過我上下學，我曾告訴他一人用筆名投稿《中華日報》有關見到的社會亂相，但無下落。他自淡江大學外文系畢業後，在家鄉他祖父捐地的北港農工職業學校當教師，後到政大教育研究所進修碩士學位。我結婚時請他與郭慶煌、黃文雄當我的伴郎。老來我們常有電話相通，他到臺北看兒子時我們曾見過幾次面，不久前他曾告訴我另一同是北港人的同學劉煜潛於前年在美國患COVID-19 新型冠狀肺炎身亡的壞消息。劉秋木兄在中學時代坐我

隔壁，家境貧寒，幾乎可用家徒四壁形容，其清苦的生活使其性格木訥，暗地裡努力讀書，自求多福。他看書速度奇快，讀書甚多，文才不凡，就讀師大獲得碩士學位後到花蓮師專教書，至退休後定居臺北市金門街一處靜巷內，與他小學老師退休的夫人兩人相依為命，幾乎與世隔絕，很少主動找人，老同學也少人知道他的去處。我們在學時互訪過，他在師大研究所念書時，我也在臺大念研究所，曾到他宿舍下過一盤象棋。他在花蓮期間有一次來臺北，見過面，到前幾年知道彼此在臺北，兩人住處相距不遠，互訪過幾次。近知他出版過一本暢銷十餘刷的教育學方面教科書，並正在增修一本新書中。他的書會暢銷與高中時文筆超好就有關聯，早在那時就奠定良好寫作基礎，我正在等他出版新書互相贈閱。我約在五、六十歲時，與當時住處相近的曾憲政與蘇泰夫同學都學會打高爾夫球，三人曾經相約多次一起打過球，較多在憲政有球證的北海球場比劃。後來陳泰山同學也參加過幾次，在林口地區的臺北、統帥及第一球場打過球。老同學相聚一起，按實力好壞，定出公平比賽規則，以輸贏排名分攤中餐費用，這樣的運動樂趣無窮。其他同窗好友，自畢業後各奔前程，散在四方，移居美國的特別多，彼此經久失聯。有的還可能會有見面機會，有的可能就此終結聯繫。人生來世間相遇的機緣可遇而不可求，在此互道再見，能不能再見，就看往後的命運與機緣了。

高中國文老師暢所欲言的啟發

回顧高中時令我較有感覺的課程是姚錫周老師教的國文課，這與其他同學感到最有興趣也最懷念的可能會相同，也可能不同。我喜愛這個課程與懷念這位老師，並不是因為課本的內容特別好，而

是姚老師上課的方式令我感到興趣。他常說些個人日常生活的遭遇，像說故事般向我們告白，到快下課時看時間不足，很快將課文念完作為結束。這種教學方式，不拘泥在課文的解說，對課文的背景與內容的闡釋較少，但引導對社會實情與人生經驗道理的了解很多。在作文課上姚老師要求我們用小楷毛筆寫，也使我毛筆字進步不少。他的自由發言對我們的思想訓練也大有幫助，他對作文內容不拘謹否定，也不保守阻擾，對我日後提升自由開放觀察事物的思維能力大有啟發。他對文采不差的作文批個文情並茂，更會給學生很大的鼓勵與信心。

地理課程給我旅遊般的趣味

高中時候的地理也是我較有興趣的課程，並不是因為老師講得特別好，他的特點是四川鄉音很重，據說後來因匪諜罪被抓。我對地理感到有趣是因為讀其書好像是在旅遊，雖然我少有實際旅遊的機會，但對旅遊常有嚮往，讀地理課本時書上的地名方位與所在地的景物會如圖像一般浮現在我腦海中，像是看得到實地景象，要記憶也不困難，考試起來不難作答，能得高分，也就比較有興趣。

數學風尚的得利後果

我們高中時數學老師的實力是出了名的好，在校外的名氣很大，校內外學生隨他們補習的人數也不少。甲乙兩班的老師是赫赫有名的大師級呂姓老師，我們丙班的老師姓陳，兩人的實力都很厲害。他們的實力把學生的數學實力也磨練得不差，到畢業會考與大專聯考時，我們同學多半都能從數學科得分，有助被錄取。因為老

師們都有替學生補習，學生為增強實力、怕被當、或想拿好成績，獲得獎學金或保送，都會在下課後到老師家補習。在考試前一晚老師常會吐露一絲消息給補習的學生。有一位同班好友也參加補習，很夠情義，於考試前一晚補習完後，在回家路過我租屋處，會轉彎進來，吐露一點考試的小道消息給我，隔天考試題目都會有一點關聯，不能全中，也不會毫無所得。這種施放小道消息之舉，也不全無合乎人情世故之處。

歷史科的迷失

高中時我們的歷史老師也有兩位，甲乙兩班都被有真才實學的戴貞元老師教，上過他課的同學都有口皆碑稱讚，我無緣被教，也無法領受。教我們丙班的是陳老師，別人的感受不知如何，我好像被教到一團雲霧中去。也許當時我的歷史知識基礎太差，無法體會課本內容之妙，也就無法聽出與讀出味道來，感覺上陳老師對實際的內容沒有貫通，都只複誦課本上所寫的那些資料與訊息。結果我的歷史成績都幾乎被當掉，到畢業後偶而讀到一些較像故事般的歷史學術以及看過一些歷史戲劇，才找回不少歷史的趣味。

英文課的遺憾

我進南一中自初一時開始學習英文，一位李姓女老師從頭教到畢業，學習要點是記生字、讀文法、了解文意。對文意的了解是從英到中，到高中時學習要點也差不多。一位朱姓女老師從高一教到高三上，因為發生學生趕走老師的革命行動，高三下時換了一位楊姓女老師。那時已接近大專聯考，課程逼得較緊，但學習方式好像

也如出一轍。這樣學習英文的過程，我個人的心得並不好，如今雖也比較會讀、會寫、會說，這是加上在大學與到美國留學的總和成果，但總覺得終生受限。這要怪罪自己的語言天分太差、用功不足，環境不良，也沒對學習英語及早感到重要並發生興趣。但如今仔細思想在學校學習過程中有兩項失誤也很嚴重，一項是始終未重視聽講的學習與訓練，另一項是學習了解與建構文意或許應該倒過來由中文去轉換英文，而非由英文去推知中文。高明的先進們，必定另有其他高見。

校長的威嚴與仁慈風範

我在台南一中的前五年校長是蘇惠鏗，給人的印象威嚴也仁慈，給學生的自由度不低。我們當學生的除了在朝會時能聽到他的訓話，少有與他直接接觸的機會。但可看到他常在校園內走動巡查各角落。蘇校長治校期間，校譽良好，校運昌隆，學生心目中也都覺得他是一位好校長。到我留學美國時，聽到他退休之後，被政府派赴美訪問，安撫在美國的南一中校友，因為政府發現到美國留學的不少南一中校友都在搞臺獨，反政府，其中包括王幸男寄郵包炸傷謝東敏省主席手臂案。聽說蘇校長訪美時，受到校友熱烈歡迎接待，可見校友普遍對他尊敬也愛戴。

我們到高三時校長換了鄧芝如，我對他印象不深，只知他是當時聞名的原子能科學家鄧昌黎之叔叔，一次鄧昌黎從美國回國，也來台南探望叔叔，我們學生在校門口列隊歡迎他。

悼念幾位中學同窗好友

記述五位我有所感的已逝同窗友人

　　郭幸江、吳泰龍、黃文雄、郭慶煌、鄭慶海等五人都與我同是台南一中從初一到高三的同學，都已過去了，我們都有較深的交情，也都令我有所感念。前列順序是按照他們過世先後排列的，其中吳、郭（幸江）、鄭三位與我都同進臺灣大學，吳讀農工，郭讀歷史，鄭讀法律，黃就讀中興大學（後來的臺北大學）的法律系，郭就讀淡江大學的外文系，也都在同一城市或附近。

晉階情誼的記事

　　本屆同窗約有 150 人，初中與高中的同窗有一大部分重疊，小部分換人，在校時必然都會各有較常聚在一起也較親密的小群體，當然也可能有因少不更事，而有磨擦的情況，但無論年少時親近與否，等長大了變老了，大家都會深感同窗緣分難得，在這大地球內的浩瀚人海中，我們這 100 多人竟會被安排在同一學校同年就讀，是時空的巧遇，也是命運的安排，可貴也值得珍惜。同窗的大團體中，必也會有更小群人因志同道合，氣味相投，相互幫助，或其他因緣而較常往來，也較有密切關係與深厚情誼。本文中我悼念的五人，都與我有過長短不同的進一步往來或緣分，也都已經不在人世，遇此虎年新春，我人都已虛度 84 歲，要再過一輪，恐不容易，不無

感念人生短暫。趁此雙手還能動彈，腦筋也還能轉動，就與五位逝者為大的虎兄們，找回一些過往記憶，也藉與他們神會，先打個招呼，待我也到他們的世界時，能伸出援手帶個路，使我能走得較順利，或許可省一些麻煩與費事。本屆已經不在的雖然不只他們五人，但其他人我較不熟悉，較不了解他們在世情形，而未全部羅列，敬請原諒了。

過去一些可貴的往來

郭幸江高中時代就讀乙班，我與郭慶煌與黃文雄較熟，後也與他們同班的郭幸江認識，也較熟悉起來。郭在高中時對閱讀文學名著很有興趣，借到好書常會傳給我。到臺大他讀歷史系，畢業後再考上文化大學歷史研究所，在臺大與文大期間常有往來。後來他出國到德州從大一的電機念起，有在美國長住的打算，畢業以後到洛杉磯找到事，有一年我到美國，我忘了去進修或開會，在他租屋處住一天，再找了同在洛城的同窗李英男。以後就沒再見面，從郭慶煌得知他結婚生子，剛買一新屋，設有游泳池，在中午時分，下池游泳，心肌梗塞，就走了，那時郭慶煌在舊金山做珠寶生意，常來往洛杉磯，參加了幸江的葬禮，這位同窗友人也就再見不到了。

泰龍兄讓我難忘的緣分開始很早，約在初一或初二時我租屋在新營，每日通學到台南上課，一個週日的上午我在新營街上與他不期而遇。那時我會住新營通學，現在想起來有點笨，但如此這般也有長處，鄉下孩子初進城有點不習慣，就像許多移民在遷移過程常不是一次到位，先遷移到市郊，最後再遷到最終目的地的市中心。我會先租屋住新營通學，一來有幾位就讀台南與嘉義的同村學長也都租屋在新營通學，初次離家與他們住在一起，父母比較放心，二

來父親要來探望也比較方便。話說與泰龍兄相遇是他從台南來新營參加一個盛會，那天是台南縣議會新廈落成典禮，讓民眾參觀並擺自助餐請客，持有餐券的貴賓可飽餐一頓，並可摸彩。這大廈是泰龍兄叔公的建築公司建造的，泰龍兄弟兩人手中有多張餐券與摸彩券，邀我同行，飽餐一頓並摸到大毛巾一包。回校後兩人不同班，他在甲班，我在丙班，教室中間隔著乙班，他是市內生我是通學生，接觸機會不多，到大學雖是讀同一大學，各忙自己的課業與應對新朋友，也少有過往，直到畢業後他留在臺北從商，再遇到了，邀我到他公司參觀過。有一次也同在台南與幾位同窗一起喝咖啡，後來就說過世了，再也見不到了，不無痛惜。

黃文雄與我過從很久，直到他七十過世，一向都有來往，因他很長時間工作地點在新營工業區內的一家友人的皮革工廠當總務。這地方在我回老家必經之路上，我每次從臺北返鄉，都先連絡他，請他載我回老家探望父母。早在中學時代我就被他邀到他佳里老家玩過，也吃過他大姊婚禮的喜酒。在臺北念大學時彼此常在假日互訪，也彼此請吃牛肉湯麵，沒有牛肉的。畢業後當兵同是步兵，到鳳山步兵學校磨練三個半月，後被分發到金門前線同一師，當預官排長，他的部隊據點在后盤山，面向福建大嶝島，承受對面打來炮彈不少，碉堡很堅固。我排的據點在防守尚義機場跑道，位在後方的第一線，碉堡建築較簡陋，頂上只放幾根水泥柱，上堆泥土而成。因靠海邊，夜間不必巡查，而是被查的。連上的預官張果兄來巡查就在我碉堡閒聊，變成好朋友，出國後有天在舊金山漁人碼頭不期而遇，後來他遷往華盛頓 DC，等我從美國讀完書回臺，他還託人尋找我，後來連絡上了，但隔離半個地球，也難再見面了。

我與黃文雄在金門期間差一點兩人同被炸死在他的碉堡裡。一次我被徵調到他所在附近村莊受訓炮兵觀測，結訓前一晚，去找他聊天，頭上、碉堡上及門口各中一顆炮彈，火藥味吹進碉堡裡差點

窒息，兩人同感差點埋葬在一起。後來想起，兩人是經歷重大災難的兄弟。文雄到年老時病故在台南，辦理最後告別式那天，慶煌與我都到台南參加，會後受到久未見面的老友陳煥隆醫師請吃中餐，有鄭律師等同窗一起作陪。

　　郭慶煌與范宏明兄兩位的老家離我老家最近，宏明兄的家在鹽水街上，與我同鎮，但我往還台南都經慶煌家住的太子宮村子，直達新營轉車到台南，與慶煌同進出的機會也較多。但自小與兩家家長大人也都認識，曾被宏明兄電信局長的父親請喝過自煮的咖啡，與宏明兄在假期也曾到過鹽水街上的戲院看電影或新劇。與慶煌的父母兄姊全家人都認識。慶煌在南一中讀書期間住在公園路永安旅社他叔叔家的空餘房間。學生時代在假期回鄉下老家時常與他一起到新營看電影。慶煌到美國留學早我一年，我晚他一年到明尼蘇達大學進修，初到美國時在舊金山入境，是由他在加州大學柏克萊分校進修的二哥開車帶他來接機的。兩年後我回國時，再經舊金山，他已讀完書，在一家保險公司做事，以後他長住舊金山，職業改做珠寶生意。這期間我第二次到美國進修及參加學術會議經過舊金山時，都找過他，後來被他拉去學會打高爾夫球。有此一技後也曾與一中同窗張銘澤、曾憲政、蘇泰夫、陳泰山等諸虎兄在球場比劃過。後來臺灣經濟變好，慶煌將生意的主戰場移回臺灣，最後因病在臺灣故土過世。

　　鄭慶海兄老家住新營，自初中時代一起通學時就常同搭火車，他家開食品店，有時四時下課後陪他到西門路食品大賣家補些貨品，那時與慶煌等也喜愛鍛鍊身體，增長一些身上的肌肉，曾被批為三劍客，於今思之難免有些羞恥之感。與慶海兄的有趣記事之一是大學聯考丙組放榜的前一晚，我是到新營住在慶海兄家，隔天一大早買一份報紙看榜單，那時候我住的小村子是買不到報紙的。進臺大後，慶海兄與馬志錳、林明山、李英男、陳鶴彥、劉勝欽等同

讀法律系，修課的地點在徐州路的法學院，與校本部校園的學生少有見面機會。這時候我偶而會偷看由李英男轉來的《自由中國》雜誌，慶海與志錳兩兄大概都很認真準備高考，畢業後應屆兩人就考上名額不到十名的律師與司法官高考。後來慶海兄在台南當成聞名的大律師，新營家鄉附近的鄉親有糾紛的事件都會到台南找他幫忙解決。有人問及我法律問題的事，我自然也都請他們到台南找鄭慶海律師幫忙，都能有滿意的結局。

到了約三年前我從新加入的手機 LINE 群組看到同窗友人在美國紐約病故的消息，因沒寫明名字，不敢亂猜，其實也不難猜到，因為會經常在臺灣與美國之間飛來飛去的沒幾人，後來證實遭遇不幸的是慶海大律師。知道這消息後我就手機上的資料傳 LINE 表示哀痛之意，也得到他女兒的回音，知道他原想到美國養病，卻一去不回，未免遺憾。後來幾度與他兩位女兒通訊了解一些較詳細情況，我也讓她們了解有關她們還未出世前父親的一些事。從通訊過程中，有兩件令我深刻感受的事，第一是他大女兒中文的功力了得，比許多專業者的寫作還到位，人也甚有修養並能表達得體。慶海兄及其夫人教導有方，令人敬佩。第二是他們的么女是位由小留學生起在美國長大的，英文寫作也令我這個老頭子驚豔，因為她主修與我同行的社會學，對臺灣社會新訊息甚感興趣。我曾聽慶海兄說，我傳給她有關臺灣的訊息，她的學生都會喜歡。我這個老頭子慚愧英文能力沒能像他三女兒那麼流利自然。語言能從小時以對話的方式學起，最能自然，我們這一代學英文是從文法為學習的出發點，能看能讀，卻常說不出口，是時代環境造成，也很無奈。

最後的感想

　　寫完了對過去五位中學同窗的悼念，最後我以兩點做為結語，對這兩點結語也再多說幾句。

死亡令人難過

　　這五位同窗都已過去，相信與他們最有情有義的配偶子女等一定很難過，與他有過同窗之誼或僅一面之緣的人，也都難免難過。但生命的死亡是自然現象，是無可避免之事，也只好以自然面對。既使是橫禍的死亡不看為自然也不行。但醫學、營養衛生學或健康學告訴我們，有些死亡是可避免或延後的，常被人類疏忽而未發揮作用。

　　近來有一種讓人肉眼看不到的瘟疫細菌，要來摧毀人類，加快死亡，也許開始是人禍造成，後來也演變成自然的力量，讓人力很難抵擋，致使人口生死關係的原理起了很大改變，考驗人類多方面智慧。與得瘟疫而死的人相比，已經過去的五位同窗都算死得正寢安然，未必不是比較正常與幸福。

人生短暫的感嘆

　　有神論者會說上帝或神給我們一條生命，但生命卻有長短不同。人口學上所說同一科夥（cohort）也是同一年輪或世代的人，同時出生，卻不會同時死亡，人數逐漸減少，但總有一個極限。我們臺灣人的平均極限存活時間在 2020 年時兩性合併計算是 81.3 歲，其中男性是 78.1 歲，女性是 84.7 歲。我們同學的命有的比平均年齡少些，有的則略多些，多少都是命定，由許多原因造成，已回不去矯正了，還活著的人卻可以參考。

　　這幾位走在前面的同窗友人，可供給後人參考的生命年齡等，也都是他們的貢獻。至於他們一生工作上的貢獻，我來不及數列了，很對不起他們。

紀念大學時代的兩位師長

師生緣分的偶然與必然

　　人的一生經歷的正式教育歷程有長有短，正規的學習歷程也就有長有短，一般最短的是失學的人，很不幸，一生未有機會經歷與體會師生緣分與關係的意義與心得。一生受正規教育經歷正規學習最長的是讀到博士學位者，甚至還有再經歷博士後訓練的人，前前後後受教育專職學習的時間共約近二十年，遇過的師長不少，但也不是所有師長都可供書寫留念，有的認識不多，難以下筆，有的也較平常，寫來也無特別之處，都不好寫。人生短短幾十年，能遇上良師又能投緣者實在難得，這種緣分先是偶然，值得紀念也是必然。大學師長，與小學及中學的老師相比，專業學識都較充分，人生閱歷也較豐富，這兩方面也是較值得學生們學習與效法的地方，我紀念的兩位大學時代的師長，也都記取他們在這兩方面的風範及對我個人終生的影響為要點。

紀念農業經濟學者王益滔老師

進大學遇見的和藹老師

　　王益滔教授是我進臺大農業經濟系就讀時的資深老師，是戰後臺灣大學農業經濟學系的第一任系主任，農學院第二任院長。早年留學日本東京大學，深造農業經濟學，回國後曾任教北京大學農業

經濟系、西北聯大及西南聯大農業經濟系。戰後到臺灣大學任教，至六十五歲屆齡時退休，一生致力農業經濟學的研究與教學，可謂臺灣農業經濟學國人始祖第一人。教出的傑出學生不少，數位後來都主持臺灣農政大計，其中李登輝總統是他來臺時教授的第一期畢業的兩位學生之一，後來成為國家元首，在學時學習有方，後來治理國家績效卓著，不無受到為師者的感召深化，成為歷來臺灣傑出國家領袖，深受國人同胞敬仰與懷念，為師者也與有榮焉。

學生時代的受教

我在大學二上時上了王老師的農業經濟學課，因為初學，自己對農業經濟知識根底不深，能領略其學術豐富見解獨到的優點有限，只覺得他上課時侃侃而談，不必看講稿，雖然帶有浙江溫州口音，有些同學不易記下筆記，但我大致都能記錄下來。後來歷經時日，多聽他上課內容及閱讀他的著作，越能了解與感受到他的學問紮實，國學修養也很深厚，用詞用字都極良好，對待學生極為客氣愛護，我很慶幸能跟隨這位良師學習我的主科。

在大學四年級時，我們再上王老師教的專題討論課，課上的作業是在開學之初由王老師給研究題目，學生分別選擇或被分派題目去做專題研究，經過一段時間後由學生先口頭報告，再修正後提交書面的期末報告。我記得當時我的研究題目是「臺灣農產品的運輸」，主要資料是到臺灣鐵路局統計室蒐集，後對資料加以分析。初步交了報告後，王老師很滿意，不知是先有計畫，或後來覺得有價值以此題目再做深入研究。他要我再擴大補充資料，供他研究之用。還給我一些研究費用，我覺得很不好意思接受，他一再塞給我。我當學生交作業，還賺到助理研究津貼這是第一次，也深感王老師的深情厚意與溫暖用心。大學畢業當完兵後，回校就讀研究所，再

有機會上過王老師的課。拿到碩士學位後到農業推廣學系當講師，系館與母系農經在同棟大樓，下班時若遇王老師也要回家，常會同行一段路。當時我租屋地點就在王老師宿舍與學校的半路上，同行時就有較多談論家常的機會，倍感老師的關懷與愛護。有一次被王老師邀一起到屏東出差，承蒙王老師請客在屏東市場內一家小飯館吃晚餐，王老師以為我也能喝白酒，特別點一瓶小高粱請我，我沒酒量，只好由王老師自己喝光，讓我領教到王老師酒量之好。經歷此事，師生之間更有話說，也較少見外。

了解與佩服其學術功力

王老師在 1988 年九秩華誕時，由黃際練、陳超塵、許文富等老師及陳希煌學長等出資印行著作全集，並由初任國家元首不久的李登輝總統作序。由此全集我能較完整認識與了解王老師治學的體系與細部。這全集含三冊六卷，共約二百三十餘萬言。六卷的標題是1、臺灣之土地改革，2、臺灣之農會改進，3、臺灣之農業經濟，4、臺灣之農業水利與土地利用，5、美國農業考察，6、一九四五年以前之農業論文，共含 55 個細部專題。有關六卷的內容在王老師的自序中做了摘要，在李登輝總統的序言中也列舉說出要點與其獨到見解。李總統在序言最後道出幾項綜合優點，包括國學基礎深厚，文筆暢達，理論嚴謹，也從論文中看出作者神態樂觀率真，讓人讀之如沐春風，文章寫得恰到好處，也反映其人品本然。學生能受到良師教誨，深感慶幸與敬仰。

認識並尊敬其為人特性

在我求學與教書的過程中，王老師令我深深感覺到對我等來自農家的學生有很特別的親切感，也因他深知小農家庭經濟的特性與

困境，頗能了解與同情，正如他在上課時曾感嘆說，看一些窮苦農家一張像樣的桌子與椅子都沒有，讓我這個農家子弟聽後鼻酸，也終生難忘。

我與王老師較熟悉後，略知他少說出口的家人事故，弟弟在中國大陸曾被共產黨清算，大兒子在臺灣戒嚴時期因走漏工作上的氣象資料給朋友而喪命，家中有位自小行走不便的孫子同住，這些事故與他自己對政治感到無趣，一生也澹泊明志，不無關係，成為他為人的明顯特徵，也最值後學效法。

紀念鄉村社會學家楊懋春老師

初遇在大二鄉村社會學課上後引導我教書就業

我也在大二上鄉村社會學的課程時，初遇授課的楊懋春老師，當時他是一位國際知名學者，剛從美國回臺任教，這門課程內容的實際部分都在探討鄉村地區的社會事實與問題，對於我等自小在鄉村長大的農家子弟，並不陌生，也特別感到親切有趣。加以楊老師上課時穿插不少與學生對談，更能激發學生的參與感及成就感。感覺上他對於有鄉村背景的學生特別有較深刻的印象。經此課程使我感覺自己熟知的生活背景竟然也是一種學術，有點驚奇與新鮮感，這也使我後來決定以這種我有先天優勢的學術，當為我終生追求的專業領域。我於大學畢業服完兵役回校就讀研究所時，就選擇由楊老師指導的高級鄉村社會學當我的主修科目。讀研究所第二年受楊老師邀約當他創設的農業推廣學系助教，也就走上在大學教書之路。楊老師是引導我一生初次就業，也是我唯一職業的貴人。至我六十五歲退休時，在校教書研究全部時間近四十年，中間只幾年因到美國進修而中斷。

曾經記錄師長的幾點風範

　　我在本文選擇楊懋春老師當為我紀念的兩位大學老師之一，除因受他導引進入學術殿堂，也因他的治學與為人有甚多讓我敬仰並效法之處。有關他的風範我在 1979 年適他七秩晉五華誕時學生們為致賀他編印了一本紀念文集，我曾寫了七要點祝賀他，即 1、為培養後進不惜得罪同輩，2、養才用人不分省籍，3、不凡的學術成就給學生無限感召，4、喜愛下鄉也鼓勵優秀青年下鄉，5、虔誠信奉基督教但不勉強學生成為教徒，6、不在其位不謀其政，7、年逾古稀仍勤奮不息。我曾將此文投稿在《自立晚報》刊登，約三十餘年後又收集在一本由五南出版社於 2016 年 8 月出版的《社會良心論》一書中。楊教授值得學生們愛戴與紀念的長處很多，除了我寫的七點，其他的學生門徒在紀念文集中還述說很多，於此不便重複。我於長期跟從他教學研究治學，還觀察並感悟到不少其他可供學習與效法之處，於此再補充如下三點，勉勵自己，也供認識與不認識他的人參考與借鏡。

愛護鄉土國土的理念與情操難能可貴

　　楊教授的主要學術領域是鄉村社會學，必然也非常愛護鄉土與國土，這種理念與情操非常可貴，也使他視「我們要了解社會，更要服務社會。」當為他的座右銘與基本哲學與信念，他將這幾個字寫成墨寶留念。在他過世之後學生們將這墨寶掛在臺大農業推廣學系（後改名為生物產業傳播暨發展學系）內他的紀念館牆壁上。他愛護鄉土與國土的情操激勵他寫下一本英文名著 *A Chinese Village*（《一個中國的農村》），由哥倫比亞大學出版，也寫了上、中、下三冊《海外家國戀》，是他學成後因遇抗戰無法回國滯留在美時的日記。後來他回臺灣，又寫成 *Chinese Social Structure : A Historical*

Study 一書。這幾本專書都從愛護鄉土與國土為出發點。在其他的著作中，也都處處顯露愛鄉愛國的精神與旨趣。

認清但不沾政治的情操難得

楊懋春老師對於政治的觀念與情操也把持在很難得的狀況。他基本上是不沾政治氣味的純學者，對政治的運作看得很清楚，一生沒有參加政黨。在他當系主任期間，還在戒嚴時期，但他對學生及新進的同僚，並不在乎政治背景，使沒有黨籍的後進也能安心在系裡立足，與其他的學系相比，在政治觀念上相對自由開放許多。但他的社會學學術背景，使他深知政治因素對於社會或鄉村建設的重要性，有時也鼓勵學生無妨從政治角度切入去報效國家、社會或鄉村。像是鼓勵學生當任農會總幹事的鄉村領袖，貢獻鄉村發展。他並未阻擋或勸導一位早期學生黃大洲學長轉換跑道，由學界變到政界。黃曾經擔任過臺北市研考會主任委員、臺灣省政府副秘書長、臺北市長。這樣改變給社會的貢獻也許比當學者的貢獻多出許多。

勤於治學影響後學終生效法

當為教授學者，楊懋春老師影響學生最大的方面還是他勤於治學的本職，一生著作等身，著述的專書除了前舉的三項五冊，還包括《勉齋文集》、《新勉齋文集》、《鄉村社會學》、《社會學》、《我們的社會》、《致富有道》、《鄉村社會學與農業發展》、《農業技術變遷對鄉村社會的影響》、《社會化與生活規範》、《史學新論》、《學苑拾翠》、《今日臺灣生活的透視》、《臺灣土地改革對鄉村制度的影響》、《農業興衰的社會因素》、*Social Economic Results of Land Reform In Taiwan* 等。我從擔任他的助教到後來成為他的晚輩同事，每天看他靜坐在案桌前書寫不停，給我無限的感召，

直到退休之後還不敢懈怠，效法他勤於筆耕的精神，能活一天就盡
一天所能，繼續書寫文章書籍。我從楊老師的身上看到要能有著作
產品，需要先能坐得住。記得有一次與他一起路過公園，看到幾位
中學生在公園樹下看書準備考試的模樣，楊老師勸他們回家坐在書
桌前準備會比較有效率。還有一次楊老師半開玩笑對我說，看我在
書桌前還能坐得住，這話使我感受到他認為能否坐得住與能否求得
學問有很密切關係，事實上也然。他還常與學生們說，文章千古事，
白紙黑字，好壞自明，草率不得。文集專書都是一筆一字寫下來的，
未能勤寫，哪能來文集與專書。這些小處著眼的密方，都是我近身
觀察楊老師，並從他學到治學之要道。我也終身效法，不敢懈怠。

追念陳主委希煌學長吾兄

紀念冊上敬悼言

陳太太、陳先生（兒子）及陳小姐（女兒）們：

今晨從希煌兄手機 LINE 上傳來他過世消息，及他對自己後事的遺願，我想這是您們於他過去之後查看他的手機上親友名單，才傳發出來的，謝謝您們告知，並請節哀順變。我於兩三天前經學生告知，已到展雲會館他的靈位前行禮，並代替在美國的馬立秦及張汝翼兩位好友一起致意。後來知悉李登輝前總統贈花籃致意，甚覺與有榮焉。遺願表明「後事一切從簡，不發訃聞，不舉行公開儀式，懇辭花禮，喪葬費用捐慈善機關。」顯示十足謙虛、律己、體貼，很令人敬佩與感動，難得媒體讚譽典型在夙昔。我有幸當為希煌兄在臺大農經系學弟及畢生摯友，以下想和他說幾句道別的話。

阿煌兄：

自從您臥病三總醫院後，繫心掛念，幾度探望，雖知病情不輕，總希望奇蹟出現，能有一日恢復健康，我們就可像往日一樣享受閒聊的樂趣。但畢竟有時天也難從人願，可惜，也可嘆！與您為友並來往數十年，深知您治學認真紮實，為官清廉愛民，奉母至孝，養育兒女持家盡責，對友人愛護關懷，遺留優良典範在人間，一生應也無遺憾。但畢竟還有一些學問未竟，想奉獻國家社會與家庭事務未了，必也不無牽掛。

阿煌兄一生勤學用功，中學就讀頂尖的建國中學，大學就讀臺大農業經濟系，最後獲得美國喬治亞大學農業經濟博士學位，雙獲

臺大與喬大農經系傑出系友，甚是難得。一生有關農經著作等身不說，與您討論到專業的農經問題時，印象最深刻的，應是您認為最重要的是糧食的國安觀。由您接手國安會的相關研究計畫，農委會主委時認真推動糧食生產與運銷，以及擔任雜糧基金會董事長任內積極與雜糧供應重要友邦國建立良好的關係，充裕國內雜糧供應無缺，都能印證您對糧食供應充裕是穩固國家安全的重要理念。

　　國家的安全依靠各方面的實力來維護，表面上看，武器與軍備是最重要者，實際上隱含在深處的糧食與民生等也都同等重要。主管農業與糧食的官員與學者們，由守住農業糧食，穩固民生，對國家安全的重要又有何異於充實武器與軍備呢？清朝史上英明的乾隆皇帝與劉統勳大忠臣，也曾為充裕國家糧食保衛天下糧田努力過。如今臺灣糧食自給率低至百分之三十一，是全世界上最低國家之一，若舉國上下無有糧食危機意識，實也不是良好的維護國家安全之道。陳希煌教授擔任農委會主委任內對糧食是國安的認知與政策，若被政府與人民遺忘，也就太危險與遺憾了。

弟蔡宏進敬悼 2020 年 5 月 23 日

在追悼會上留話

　　時間：2020 年 8 月 18 日下午，地點：農委會國際議廳

　　阿煌兄長、陳家人及諸位長官、親友及小姐先生們：

　　我是蔡宏進，是陳希煌前主委生前在臺大農經系就讀時的學弟。今天很感謝能與大家一起參加農委會給陳前主委辦理的紀念追思會，使我想起過去與他相處很長一段時間的友誼，感覺非常愉悅也珍貴。早在幾十年前我們都還年輕時，我在臺大農業經濟系當學

生，晚他兩屆，但有幾門功課都在一起上，因而互相認識，而後成為終生的好友。陳主委畢業後因成績優異，被母系推薦到當時的農復會就職，後來回到系裡教書，我在農推系的研究室與他在的母系都同在一棟大樓，有很多機會一起閒聊。因為有許多我們共同認識的人、事與話題，很有話說，聊了之後也都很愉快。後來他因學與教而優則榮任農委會主委，後轉任雜糧基金會董事長，任內功績很多，但給我印象最深刻的是他念念不忘「糧食即國安」的概念。

因為我們兩家的住處相近，彼此退休後，有更多時間一起談天說地。今天來參加他的追思會，像是再一次與他再相聚聊天，心靈上會有許多交會，此時，我也代表幾位我們共同的好友未能前來而致歉。今天我一方面感謝他以往給我許多指教，另方面也期盼在以後當我到西方世界報到時，他能再引導我認識他先前去了解的環境，我會再度感謝他。非常謝謝大家！

追憶與希煌兄生前過往與閒聊的若干事

與友人相聚聊天是一快事，這與家人、其他較不熟悉或較正式關係之人的談話內容趣味常有過之無不及。如今友人不在，聚合與閒聊對象少了一處，不無失落與遺憾之感。過去希煌兄是與我很有話說的一位，除因兩人認識已久，也因長時間工作一起，相約較為方便，更關鍵的要素是兩人所學相同或相近，有共同了解的事物與學識，更有不少共同認識的人物，有這些因素與條件，碰面聊天話題就較多，不須費心先去尋找或擬定主題，隨時想想就有話說。我想一般常聚在一起聊天的朋友也無非都像這樣容易相聚並有話說，閒聊之後都能舒暢愉快。我回憶與希煌兄比較常過往與閒聊的約為六大方面，將之追憶記述要點如下：

有關農業的

　　因為我們都是讀過農經的背景，希煌兄又能堅持原來志向，努力到獲得農經博士學位，並出任農委會主委，掌管國家農業大政。我後來改為攻讀社會學，但畢竟在農業推廣系教書做研究，多半仍離不開農民、農村與農業的課題，因此農業是我們常聊的共同話題。早自我們當學生時代所學習的農業課程，近至我們各自從事與農業相關的研究、教學或行政工作都會談論到。記得他曾經說過，在就任農委會主委前，聽聞李前總統登輝先生曾打聽過當時國內誰對農業政策學得最好，有人說陳希煌，真是當之無愧。後來阿扁總統宣布希煌兄出任農委會主委，希煌兄接到陳總統的電話時人在國外。可見國家高層用人都經過審慎了解的，而被用上的人也都有過人之處，不外其專業能力比他人好，並有良好的德性，缺少一邊都不合格。有心當大官職位的人，很有必要平時在這兩方面就要多加努力。

有關認識友人的

　　我與希煌兄或其他友人聊天內容也常關係到第三者的友人，尤其是共同的友人。多半這些被談到的友人若也能參加談話，也會很有趣味，我們的共同友人不外是彼此的同學或農業界、學界及行政界我們共同認識的人，談論到他們的方面有可能是趣事、遭遇、也有的難免是八卦，但我們都盡量少談他人的是非，若偶而談到，也僅到彼此所知為止，不過嘴他人。我們都有共同的體認，談論其他朋友的是非不道德，以能少談、少知或不知為上策，較能心安。

有關工作的

　　希煌兄與我的工作有一大段時間是相同的教學與研究。希煌兄

在母系農經系，我則在子系農推系，分別在同為農學大樓的一、二及四、五樓，三樓則為農學院本部。希煌兄一生的工作經歷比我多了農業行政，到臺大前有一段時間在農復會工作，在校教書後期則被外調出任農委會主委兩年，主委退休後又轉任雜糧基金會董事長兩屆。這些行政歷練使他對農業的內涵了解更深更廣，是我所不及的。我對農業的實務經驗則從學術研究、參與農政的諮詢及農家農村生活背景而得知。我們共同在農學院的教學及農業界的實務工作經驗也使我們的閒聊話題常離不開農業的教學及實務工作，實務方面則難免關及到我們較熟悉的人與事，有許多同感的地方，也有他知我不知或我知他不知的方面，彼此交換都能增長見識。

有關健康的

人生談話的範圍也常會涉及健康方面，尤其到了老年時，或被健康所困之時，對健康問題更會特別關心。對這話題也常會談及家人及其他熟人方面。我母親早年曾有十二指腸潰瘍，開刀切除後完好，我曾將此經驗提供還年輕時患有同樣毛病的希煌兄參考。本來希煌兄對開刀似乎有點忌諱，後來毅然開了，也就徹底治癒，真是美好的經驗。唯不幸到老年時不治的症狀也部分與此病有關。人能健康而可活動與工作，卻因失去健康而臥倒，甚至離開。希煌兄不幸到老年時因病臥倒，住院三軍總院年餘，我數次看他時都無法言語，未能像往日享受溫暖愉快的閒聊，心裡無限感慨與難過。

有關家人的

友人聊天也常會談及有關家裡的事，但也有不少人很忌諱談論家事，認為這種較隱私的部分，不談或少談為妙。希煌兄與我雖不是將家中私事搶先告知對方，但有時遇事彼此吐露一些，透透悶氣

也會有的。我對希煌兄孝敬母親一事，感動至深，印象特別深刻。他小時喪父，全由母親拉拔長大，服侍孝敬母親，至約與他同時間倒下，那時希煌兄年紀已八十有餘，他母親年紀已百歲，遺憾，但也難得。

有關旅遊的

　　希煌兄的旅遊胃口與我相差無幾，雖然也有興趣，但因考慮家計與家累，幾乎未有專為旅遊目的而出家門，旅遊多半只是赴國外開會之便，順道而行之。有一年他到國外參加學術會議，回來時送我一條皮帶，中間拉鍊拉開後可暗藏紙幣，出外時可將紙幣藏在皮帶中，安全不會被搶被偷，也不會丟失，真是設想周到，體諒有加。後來皮帶我用過，但少用來藏錢。如今所贈之物還在，送物的人已走，怎能不感慨唏噓？

我對兩次留學課業與師長的感受

初到異國進修遭遇的語言隔閡之苦

　　我是在 1961 年大學畢業，當了一年兵後再回來讀研究所，兼任助教，多用一年時間完成研究所學業，1966 年升講師，1968 年第一次出國進修，托福成績不夠好，只低空掠過，申請不到好獎學金，但眼看不少學弟妹們都已紛紛出國，我又已經走在大學教書的半路上，不出國進修似乎不行，有了免學費機會也硬著頭皮走了。我申請到的學校是明尼蘇達大學，位在美國中北部，緯度很高，對過來東半球，是黑龍江了。開學不久後，天就下雪，雪積久就結成冰，馬路邊的冰雪累積約五個月不融化。初到寒帶，夠冷，也夠苦。但更苦的是功課的壓力很重，所有功課都是要用很不自在的英語文去應對，這種經驗是所有留學生共有的，但英文好的就少受苦。上課聽英文要做筆記，我為生活週末還需要撥出時間打工，真的有點應付不過來。明大這種州立大學都採用學季制（Quarter System）也即一年四季，一季十個禮拜，時間極短，每門課的份量有一定，並沒因為時短就減少，每門功課要求學生念的書常是厚厚的一、兩本以上，開學不久就要考試了。這與一些長春藤的老學校採用學期制（Semester System）不一樣，後者一學期約有三個月，長約十六週。第一學季我註冊一門必修的社會組織學，很理論性，大班上課，學生只能聽，沒機會說。我對這種學問過去的基礎背景很欠缺，對老師的講解聽不很懂，又要作筆記，幾乎把我擊垮，成績必然不會好，但總得硬著頭皮，再撐下去。我對這門學問到後來經由廣收資料參

考，融會貫通後撰寫一本《社會組織原理》教科書，增多了解與系統化。

仁慈的社會學理論老師與好友們的群策群力對策

第二學期選課就很小心，也技巧一點，與其他從臺灣去的朋友商討一個對策，共同選修一門老師較仁慈，大家使用群策群力分工合作的對策，每個人精讀指定讀物的一部分，用自己的話解說內容給別人聽，這樣做果然三個臭皮匠可抵一個諸葛亮，大家不必讀完全書，也能知全書內容，考試答案寫起來，雖然表達不流利，但內容就不會太離譜。老師看到我們的名字中間有一橫的，都是臺灣去的學生，那時美國校園還沒有從中國去的留學生，稍有一點同情心的教授，看是外國學生，了解語言是大障礙，要求尺寸會降低，可比較輕輕過關。這招果然奏效，學期成績能得個 A，信心也就大增，就不會那麼害怕與憂慮。其實我們選的這位對外國學生較有同情心的老師並不是等閒之輩，是一位大師級的社會學理論家，猶太人，有要當為社會學界愛因斯坦的抱負。可惜諾貝爾獎中沒給社會學這一學門，一些社會學理論大師都未能得獎，也難有太大名氣。

我修這位老師的課，名稱是社會生活與文化變遷（Social Life and Cultural Change），以老師自己寫的專書作為讀本，書中有一重要論點是社會生活型態會影響文化變遷，越專制的生活型態，文化變遷越困難，越緩慢。相反，社會生活越開放越民主，人民的創造力越強越高，文化變遷也越快。他使用中國歷史資料，驗證這一假設。我們讀他的這一本厚書，抓住這要點，猜測考試的題目，果然沒猜錯，幾個合作準備考試的朋友都得 A 的成績。有這經驗兩年內的選課都很小心，但有些課程為了湊合學程，或因指導教授推薦或

授意，只能孤單一人選課，班上其他同學都是老美，準備考試沒有一齊合作的同胞伙伴，應付起來就比較累。

選讀較有把握與興趣課程的利基

社會學系的課程也包含人口學，是我較有心得與基礎的學科。有一學季我選了一門這方面的功課，也得一個 A 的成績。這門課程的名稱是人口問題，老師是加州柏克萊分校畢業的年輕教授羅伯甘迺迪（Professor Robert Cannady），與甘迺迪總統弟弟司法部長同姓同名。據說他住家選在離市區很遠的農村地帶，人煙稀少，可看出他不喜歡擁擠人口。課程的要求是要讀兩本書，一本是美國著名人口學家皮德生（William Peterson）著的《人口》（Population），是一本比較基礎性的人口學教科書，另一本是 1968 年由俄瑞克（Paul Erick）剛出版的《人口炸彈》（Population Bomb）。1960年代世界人口面臨戰後出生嬰兒潮長大成人的壓力，臺灣正在推廣家庭計畫，讀了《人口炸彈》一書非常有感。期末報告我寫了一篇〈臺灣的適當人口〉（The Optimum Population in Taiwan），從多角度檢討臺灣的人口已超過適當標準，主張必要節制。此一報告也甚得授課老師的意念，給我 A 的成績，有這結果，在進修的路途上就多吃了一顆定心丸。我於回國後再修改報告，投給中國商業銀行使用英文出版的經濟評論雙月刊，獲得刊登。

碩士論文指導教授的體諒與愛護

我在明大的指導教授名字是 George Donohue，是初入學時由臨時性的研究生協調教授，問明我的主要興趣在鄉村社會學後安排

的，以後每學期註冊就要請指導教授簽字。我的指導教授開的課是社區研究，與他興趣的鄉村社會學都是我在臺大教書研究的主要路線，他上課的參考書是一本很厚的有關美國社區的論文集，此書對我回國後撰寫有關社區論文與專書以及教課的參考用途都很大，他發表在美國《鄉村社會學》期刊上有關明尼蘇達州農民在夜間農場作業的文章使我大開眼界。了解他們的農民那麼勤奮，必是農業能發達農民能致富的重要原因。我與指導教授的互動除了請他指導選課及在註冊單上簽名，也得將自己的求學背景與計畫讓他知道。那時我已結婚生子，用留學生身分出國未滿兩年都不能接眷屬，兩年後雖可接眷屬，但若要再繼續讀博士學位，我得放棄在臺大保留的教師資格，日後能否再找回來不可知。我乃決定不如先得個碩士學位，打道回國復職，要讀博士以後再說，指導教授尊重我自己的主意。

　　進修時間當學生的我不便無事打擾指導教授，對他的認識不多，看他外表長得高大英俊，很像當時好萊塢大明星洛赫遜。有一次我被曾經修過課也較熟的教授問知我的指導教授是誰，即說他是位好人。這話後來我才理解背後還有話，聽一位學長說，問我話的教授曾被其他教授攻擊過對學生太好。看來一個大系教授們的社會關係也有點複雜。指導教授的體諒與愛護除了我找他簽字時表示和藹關懷，也曾表示可能給我助教獎學金，但要經過系研究生委員會開會通過才能確定，我已不想再繼續離開家人長時間在美國熬下去，也擔心比不上其他申請者，並沒提出申請。我在考碩士論文時有點情急，是他臨時按址找到我的住處就立即去口試的，因他安排的口試委員之一將去紐約出差多天，怕耽誤我回臺灣的行程。考完口試後還請我與他們三位委員同在學校的教職員餐廳用午餐。考過論文需要做些改錯打字的瑣事，他同意我回臺灣在規定時間內處理好寄給他就行，這使我可提早返臺與離別兩年的家人相聚，並節省

不少請人打字及印刷裝訂的費用，指導教授的體諒與愛護給我難忘。別後與指導教授少有聯繫，多年後在臺北街頭遇到一位當年我也曾修過課，又是我的指導教授要好的年輕教授，他來中央研究院客座，那時他已轉往澳洲任教，突然在臺北街頭相遇，不無喜悅，我就近請他在中山堂的餐廳晚餐，並問及以前我指導教授的情況，他說曾經中風，健康違和，也使我難過與惋惜。

修讀博士學位時遇到富有國際觀的恩師所長

在大學教書的人若未能有一個博士學位，在學生心目中分量總會少一點，我在心中時時提醒自己應該再出國一趟，把博士學位拿到。1974 年美國紐約人口局（Population Council）將結束幫助臺灣推動家計畫，將協助目標改為幫助大學發展人口研究與教學，第一目標找到臺灣大學，從籌備設立一個人口研究中心及找人到美國進修開始，我因第一次到明尼蘇達大學進修期間修讀過兩門人口學課程，回國後發表幾篇人口研究的論文，又參加過兩次在夏威夷東西中心舉辦的暑期人口研習會，幸運獲人口局給我一年獎助金可到美國進修。這次我決定攜眷屬一起同行，較無後顧之憂，也有做背水一戰的打算，能有機會念完博士，就可較安心留下來，不能就算攜眷屬出國遊學一年。

我選的學校是研究人口有名氣，也較合我意以人口遷移為研究重點的布朗大學。我填寫申請書，後得主持人口研究的葛斯敦教授（Professor Sidney Goldstein）回函同意，就再度負笈西行，那時我的兒子就要讀小學一年級了，也隨我同行。葛斯敦教授是布朗大學社會系人口研究小組的領導人，我再去當學生時他正擔任美國人口學會會長，他畢業於賓州大學，曾經是紐約人口局派駐泰國的代表，

是一位具有國際觀的學者，門下的外國學生來自許多國家，有將他的人口研究專業傳播並影響到全世界的大志，我有幸能在他的團隊門下學習人口學，不失為入對門，也與有榮焉。

　　到布朗大學第一學期，我選的課很重，共四門，其中一門人口資料與分析方法，是葛所長教的，要求特別重，每禮拜都要繳作業，費時很多，睡眠很不足。因為第一學期完就要決定給不給學生繼續念博士，我來之前已抱定不成功便成仁的決心，不敢怠慢，到冬天寒冷時我患了感冒，應該多休息睡眠，但未能，病情加重，拖延十幾天，口乾舌燥，食之苦味，一生未有如此嚴重病過。還好一學期過去我存活在博士生的隊伍裡。後來在葛教授安排下，得福特基金會給獎學金，與一位韓國及一位阿根廷同學，都能參加兩次全美人口學會年會，一次在加拿大的蒙特律，一次在密蘇里州的聖路易市，也多開了眼界。在布朗大學認真學習，總共熬了三年半，完成博士學位，是一生經歷的重要使命之一。

喜愛人口遷移課程與老師的學識氣度

　　人口遷移是我在未出國前對人口研究的最有興趣領域，也因國內的遷移主要是從鄉村到都市，這與我另一喜愛的鄉村社會研究有密切關聯，我在選課過程就不會放過。教我們這門課的老師是葛德查（Calvin Goldscheider）教授，猶太人，著有《人口、現代化與社會結構》（*Population, Modernization, and Social Structure*）一書，是道地的社會人口研究性著作，看過他的書可增多不少人口的社會學性與社會的人口學性知識。我從課堂上得到最可貴的收穫是閱讀由他推薦經我自己選擇的一本《人口分散：美國能從歐洲學到什麼》（*Population Dispersion : What Can America Learn from Europa*）的

專書，這書的作者是尼克森總統的一位人口顧問，書的內容在說明歐洲的英國、法國、義大利、荷蘭、瑞典等國家如何將人口從密集的城市分散到稀疏鄉村的經驗，重要的對策是對城市地區限建，對偏遠鄉村地區投資建設，如加強農業發展與開發工業區等，這些對策可供給美國效法。我受此書的啟發很大，撰寫也發表幾篇相關概念的論文，包括後來從國科會申請一項臺灣鄉村工業化的研究計畫所寫的報告，頗能得到外界的認同。韓國開發研究院（KDI）將我列為他們的短期顧問，出題要我寫些臺灣相關經驗的報告，供韓國參考。國內幾位任職在政府相關機構的以前學生也好像有參考應用，但多年來看不到都市限建一項策略的推廣，都市的房子越蓋越多越高，許多偏遠鄉村地區房屋空出很多，沒人居住。

指導教授的人情味與專攻領域的趣味

到考過博士資格考試後，我需要有一位正式的論文指導教授，我心中的論文題目要能結合人口遷移與社區研究，教過人口遷移的老師正要休假到外地客座，給我安排獎學金的人口組主任或所長，行政職務繁忙，我與他商量後，他同意選定我的副科都市研究小組主任的紀邁教授（Dr. Basil Zimmer）正式當我的論文指導教授。我上過 Zimmer 教授的人文區位學的社區研究，讀過他指定的一本由哈雷教授（Amoes Hawley）所寫的相當古典的《人文區位學》（*Human Ecology : A Theory of Community Structure*）專書，受益匪淺。從人文區位學理論探討可獲知人口與環境、技術、組織等要素有多元複雜關聯，這使我對許多社會、經濟、政治、科技等重要元素的相互關係與連結增廣許多見識，助我看事相與問題也能更有眼力與深度。我在撰寫論文之前沉思過一些時間，考慮究竟應該如何選擇題

目、掌握資料與分析方法，使能讓指導與評審教授群都滿意，也使
自己的社會與國家能實際獲益，並能有把握在不要太長的時間內寫
成。我在系裡的人口圖書館中看到一套涵蓋最近五年資料的臺灣人
口統計，反覆翻了幾天，終於悟出一點玄機，使用這些資料定出了
一個能和我初衷結合人口遷移與社區的題目，題目是「臺灣人口境
內遷移對人口組合變遷的影響，1969-1974」（*The Impact of Internal
Migration on Changes in Population Composition in Taiwan :
1969-1974*），先依據題目撰寫論文計畫書，主要內容是將五年內臺
灣 318 鄉鎮區社區人口淨遷移率的平均數分出淨移入、淨移出、高
低淨移入與高低淨移出等六類社區人口的年齡、性別與教育組合變
化差異的比較，從中看出人口遷移對口組合的影響，也得出較概念
化較理論性的影響結論。經先請指導教授過目同意，再定出由審查
教授團口試時間，也公開給所有師生自由旁聽，通過後就照計畫書
撰寫論文。在撰寫過程中指導教授未給我壓力、偶而他想到與我論
文有關、有用、有啟發性的資料會遞給我，都會有好結果。這階段
指導教授知道我沒偷懶，見面時彼此笑笑，都很愉快，他少追問我
的進度。我處理資料撰寫文字很費時，每日都很忙，但都有進展，
心情是輕鬆的。為能較快速完成，我日以繼夜不停工作，因為資料
很多，打卡跑電腦常在半夜後學校唯一由校友贈送的 IBM 大電腦少
人使用時進行操作，才能較快速進行。我將學校分配給每位研究生
2000 美元跑電腦費用配額全部用完還不夠，再由讀化學只需做實驗
不必跑電腦的友人將他的配額也給我使用，總算將資料全部計算完
成，也於一年後寫完一本共打字 262 頁可以獲得審查通過的論文。
指導教授還從他的研究計畫經費中擠出 500 美元，助我支付請人打
字論文定稿的費用，感激不盡。

接待家庭主人的廣度輔導

在此我也必要記述一下接待家庭（Hostel Family）主人給過我的幫助與輔導，這位接待家庭主人龐熙教授（Professor John Bonhill）是布朗大學校內戲劇系教授，單身未婚，因他母親有精神上疾病，他怕自己也有同樣因子，會遺傳給後代，因而不婚。他幫助我輔導我了解美國文化，改進我的英語文能力，請我們一家人吃飯，帶我看校際球賽，以及認識他如何在牆壁中間塞滿棉花保溫。他對戲劇的熱愛驅使他對臺灣的布袋戲木偶非常著迷收集，來臺一次還去參觀布袋戲木偶製作及展覽所。一次我回母校匆忙探望住在學校附近的他，大概也是最後一次了。

畢業後與恩師們與母校的延續互動

1978 年 1 月我寫完論文回國，之後有幾次與母校恩人往來與互動，難以忘記。在臺灣曾遇見多位系裡老師，都受到國科會以知名學者之尊應邀來臺訪問演講，其中有三位曾在我的論文前頁簽過名。學校就業輔導處經很長一段時間通知我就業的機會。校友會刊曾派兩位記者來亞洲巡迴訪問，到臺灣訪問過我並拍照撰文，在校友刊物上報導。有一次我到邁亞密參加美國社會學年會，分別與教過我們人口遷移及人力研究的兩位老師夫婦相遇，並參加系友晚會。母系人口組主任或所長推薦過我加入總部位於巴黎的世界人口學會當會員，並向我收集過著作資料。我有一次參加在義大利佛羅倫斯舉辦的世界人口會議，與他相遇並聚餐。不幸他約於兩年前以九十餘歲高齡在肯塔基州過世，讓我無限懷念。

第六篇

雑感篇

平常人的責任與貢獻

常被忽略的平常人責任與貢獻

　　世界上眾多的人口當中，平常人的數目遠多於非常之人，所謂非常之人是指有異於常人的功勳、成就或名氣之人，這些人常是聰明絕頂，勇敢過人，或力量超人，因此能獲得非凡的成就與名望。一些著名的學問家、科學家、藝術家、革命家、軍事將領、富有之人、江洋大盜等各行各界的頂尖人物都可稱為非常之人，但相對較為少數，其餘的多數都是平常之人，行為平常，無顯赫的成就，也無驚人的惡行。

　　我選擇談論平常人的責任與貢獻，不談偉人或名人的責任與顯赫之功，或論及惡人的嚇人罪過，因為前者少人注意與談論，而後者注意的人很多，談論的人也很多，常以傳記呈現，無須我多言。平常人的責任與貢獻，相對較不起眼，但關係者眾，與社會大眾的關係與影響不輕，不加討論，無人過問與理會，暗中被埋沒，眾人與社會暗中受益或受害都少人知，不無不平與遺憾。

人人有責任也都有貢獻

　　社會上人人都有責任要盡，這是天經地義的事，因為人被生下來就從他人及社會得到照護與好處。平常人也可能對他人及社會都有貢獻，雖然貢獻不如一些非常之人大。平常人的貢獻就在能盡責

任，在家中負起養家及治家之責，在工作崗位上能盡職責，在社會上能服務社會，在國民的角色與地位上能盡國民應盡的義務，包括當兵納稅及保國衛民。多半的平常人能盡的責任與貢獻都甚微小，但缺乏就不行，人對他人不盡人倫之責，人與人之間就失去倫常，終會使人際關係大亂，人人失去安全與幸福。人不能盡家庭責任，家也不成家，則幼無所育，老無所養，家庭支離破碎，人人自危。人不能盡社會責任，社會不能成形，既不安全，也不安定。國民不能盡國民之責，則國恆亡，人民也不用想求生。

盡人倫之責

作為人，難免與他人來往與互動，與他人來往與互動就必要盡人倫之責，與人來往與互動最先從與家人關係開始，與家人關係的重要人倫是子女孝順，父母愛護，兄姊友愛，弟妹恭敬，對待家族的長輩與晚輩也比照相同的原則。與外人的往來與互動則以平等和睦為原則。能如此盡人倫責任與人互動，家庭與社會必然和樂融融，個人快樂也幸福。

很不幸，依現實的情形，家人之間以及人與外人之間的往來與互動未能遵照人倫關係者不少，因此常有爭吵與糾紛，常搞得家破人亡，頭破血流，社會混亂，何其不幸。為人者不能不加警惕，回歸盡人倫之責，以人倫道理相待，避免發生慘劇。

養家治家之責

家庭由成年人結婚生子開始組成，婚後就有養家與治家之責任，養家以經濟錢財為基本力量，治家則要以感情理性為基礎。經

濟錢財不一定要求富有，但要能足夠供應三餐及必要開支，經濟錢財的來源則由努力工作。多半手腳與智力完好之人，少有找不到工作，完全無法謀生養家的。常見養不起家的人，多半是好吃懶做，奢侈浪費，不知節儉理財，以至耗費所有祖先遺留家產，也不努力工作，終至養不起家，不無丟臉可恥。

治家的要務除了治好財務，也要治好家人關係，按照傳統，主要的治家責任落在家長身上，其實家中人人都有責任，小家庭則要夫婦兩人同擔重要責任，子女也有責任協助父母將家務治理好。過去傳統家庭人數較多，關係較複雜，家務較難治理，責任常落在家長身上，而家長常為大男人。今日小家庭難治好的也不少，最常見是因夫婦當中個人主義太重，視自己的喜樂重要，少關切對方的感受，常會因想法看法不同而鬧得天翻地覆，不歡而散，離婚收場。過去家庭治理不好，較多罪過歸主導的大男人，今日女權高漲，女性地位高昇，家庭治理不善者由女人引發造成的也不少見，都很值得警惕與反省。

勝任職務之責

社會上的常人為了生活，多半都要有一個甚至多個工作或職務，每人對於謀生的工作或職務都要盡責，才能獲得報酬，供為生活消費，進而才有可能升職加薪。但事實上未能盡責的人所在多有，原因有不得已因能力較差不能勝任者，也有存心偷懶，不努力工作者，都有被開除造成失業的危險。

各種工作或職務中有一種自雇者，也即是自營事業，像是自耕農或中小企業的老闆或主人，工作不受雇主監督與管理，自己是雇主，成敗由自己負責，努力負責者能經營成功，不夠努力又不能自

負責任者，則可能經營失敗，也可能因此破產。

服務社會之責

社會上的每一個人都是社會的一分子，依賴社會而生活，不能離群而居。社會供應個人各種需要，個人也要對社會盡責任。個人最主要的社會責任是做好其工作，在職位上依照規定幹活。不工作及工作不得其力或其法者對社會都未盡責。有些人能力強，財力多，社會上雖然未強求其多負責任，但道義上有必要多負一些，對社會多出一點心力與錢財，多替社會解決一點問題。

一些有深厚責任感的人，常立志人生以服務社會為目的，對社會盡責任不求代價，不限定工作份內之責，常隨時隨地視社會的需要而付出。也因此常能得到他人的感恩與尊敬，能獲得的最高酬報是社會給他（她）的尊貴褒獎，尊貴的諾貝爾和平獎就常頒發給不問辛苦困難服務災難地區民眾的默默社會工作者。個人服務社會受到的肯定與尊榮也莫此為甚。

保國衛民之責

每一個人是社會的一分子，也是國家的一分子，臺灣土地上的子民雖然至今未能被世界上所有的人肯定成一個很明確國家的國民，不無可悲之處，但畢竟有一個自己認定的政府與國家，本身就是這個國家的國民，雖然大家對這個國名的認同不很一致。作為國民的一分子，受到國家的保護與服務，對國家也有回報的責任，重要的責任除了應盡當兵與納稅的義務，還要遵守國家法律的各種規定。國家有難時有情有義的國民甚至要有犧牲性命救難的決心。

　　試問所有國民，大家對我們國家是否都盡到這種責任，恐很難說。未盡到該盡的責任也罷，若有在暗中偷偷啃國家的骨肉者，就太過分了。國民與國家的存亡有如唇與齒的關係，唇亡而齒寒，國亡而民滅，也應為所有同胞們所警惕。

不給他人、家庭、機關、社會與國家添麻煩

　　平常人對他人、家庭、機關、社會、國家盡責的方法與種類很多，最適當的積極方法與種類視主體與客體的性質、條件、時機等不同而異，但從消極方面看，有一共同的底線是不為他人、家庭、機關、社會、國家等客體添麻煩。添了麻煩，不但未能盡責，還增加客體的負擔，就更不應該。

　　社會上就常見有人在無意間或在存心報復的情況下，給與自身有密切關聯的他人、家庭、機關、社會、國家添麻煩，危害到他關聯的對象，使他人遭殃，家庭受傷，機關受害，社會紛擾，國家受創，自己卻不自知，或不當一回事。這樣的平常人很需要常常自省與檢點，免得傷了他人，也會傷了自己。

貢獻自己的勞力智慧與財力

　　平常人有許多理由必要向他人、家人、機關、社會、國家負責任，負起這些責任，對於所負責的對象多半也都有了貢獻。歸納起來，平常人對外在所盡的貢獻不外三大項，即是勞力、智慧與錢財。不同的人會因條件與能力不同，能盡的貢獻各異，但都是他所能與所願，對於他的對造個體或團體都有益處，故都很可貴。

　　平常人所盡的貢獻有的要求回報，有的不求，後者比前者更加

可貴。能替別人等貢獻的平常人，有的已盡力，有的則還有保留。保留的會有多種不同的心計，有的留著私用，有的留著以後公用，也有的不明要作何用，就會很可惜，會浪費或糟蹋掉。如果能較清醒並較多考量，將剩餘有用的資源盡量貢獻出去，對人類社會的貢獻就會更多，更大，人生的意義也會更可觀。

人人盡責萬事太平

平常人每位都有責任，有人能盡責，有人就不行。人人若都能盡責，社會就少有問題與禍患，天下萬事也能較太平。但願天下所有平常之人都能感悟責任不是他人之事，是自己應盡的切身事物，不可寄望他人，而是需要求諸於己。

所有的平常人也不可小看自己的功能，以為自己很平常就成不了大事，盡不了大貢獻。既使每位平常人所在的社會位置，扮演的社會角色，克盡的社會職務，僅像是一部大機器中的一顆小螺絲釘，乍看不很重要，但缺乏這一顆螺絲釘，整臺機器可能就不能運轉，或會損害功能。平常人要能自知也要自信自己的重要，盡自己所能，為他人、家庭、機關、社會與國家，付出力量，提出貢獻，對大家及個人都不無好處。

百善孝為先？

從一位被 8 個博士兒女棄養的老教授說起

友人傳來《今周刊》上的報導，一位住在新北市八里的 92 歲退休老教授，病在養老院，在最近 8 個月子女們都沒繳費用。他共有 8 個子女，都是博士，都住在美國，都不願意付父親的住院費。早時老人將退休金匯給大兒子創業，住養老院的前幾年費用也由大兒子支付，後來大家都不出錢，老人欠了 8 個多月的住院費後走了。這報導讓人看了很難過，也很感慨。如果這位老人的子女真窮，大家也無話可說，但 8 個博士子女，竟然都不願意出面負擔，古時「百善孝為先」的規範警訊到那裡去了，這 8 個博士還算是為人子女嗎？

為何會有這樣的兒女們

這事件的焦點問題在於 8 個博士兒女棄養一個當過教授的老父親，情況令人有一點匪夷所思，怎麼會這樣？我們不是當事人，也不是當事人的熟人，因此很難明白其實情，只能猜測其原因。因為報導中提到老父曾將退休金都匯給大哥創業，住養老院的前幾年由大哥供養，這兩件事說明大哥與老爸的關係及對待老爸都與其他弟妹不太相同，相對是比較好的，但後來大哥也不養了，可能的原因頗費猜疑，是真的窮了？或是以為回報父親幫他創業的錢與情已經

還夠了？以後應由弟妹們分擔，自己就不管了？其他七個弟妹棄養則因看到老父只幫過大哥，心中是否覺得不公平而有怨氣？當老父住到養老院，沒人願意付費，也都不覺得有失責任與情份？仍將此責任推到大哥身上？當大哥也不回應時，大家就都一齊收手，心理並不覺得難受？臺灣有句俗話說「多子餓死爸」，這家人真是名符其實了，這位老爸比其他只有獨子或只有少數子女的父親還不如。

現代西方教育與孝道不成調的危機

世人愛護子女與孝順父母都是常情，不符常情不孝順父母的悖逆子女卻也很常見，常都因為欠缺正常教育，不知倫理所致成。但本報導所指 8 個子女都是博士，且可能都是在美國取得的，都是受過高等教育之人，卻都共同棄養老父，實也令人嘆為觀止，忍不住感嘆今日西式的教育與孝道太不成調。西方高等教育普遍注重專業，也較多關係科學，這與過去私塾教育教人重視人倫常理似乎極不相同，如果這 8 個博士子女也能學習並了解一些人倫常理，是否還會有如此不孝之舉，不無耐人尋味。如今老人已安靜離開人世，這種疑問與觀望已不可測試，也不知這些子女們有一日是否會感到懺悔與遺憾。

「多子餓死爸」的警訊

「多子餓死爸」是一句臺語的警世之言，就如同本文中的這位老父，兒女共有 8 個，數目算多，老了被每一個都棄養。活到 92 歲，算是長壽，但也不無餓死之嫌。這句醒世恆言的寓意甚為明白，子女多了，對於父母遺留的財產容易計較，對扶養父母的責任也容

易推卻，就會造成多子餓死爸的局面。一個完全沒有子女的老人，老了還可能符合由政府照護的資格，可能不至於像這位有 8 個子女都不養的老父悲慘。只有單一兒女的父母老了，唯一的子女逃脫不了扶養的責任，除非這位獨子也窮到像泥菩薩過河，自身難保，或是也為極端沒良心不負責任的不肖之子，否則應也不會置年老的父母孤獨癱瘓在病床上於不顧。由本文的案例實也可奉勸當父母者，栽培兒女不一定要送出國念博士，不可將退休金老本全都給兒女創業養家，更不可偏心只照顧單一或少數兒女，對於兒女尤其是其另一半更不能寄望過高。對於自己的老境要作壞的打算，這會比作好的打算較準確。

孝道責任說

　　做人要盡孝道，這是一種責任，責任的由來起於兩個原因，一為情，二為理。父母子女間，情深似海，起於兒女生命之始，兒女之命為父母所生，並受父母愛護養育長大成人。天下父母多數都愛護子女，子女受父母愛護，長大後回饋愛護父母，也天經地義，是一種責任，也是一種義務。就理的方面看，孝除了回報父母恩典的意義，也因人都希望也需要子女孝順，才能老有所終，家庭才會快樂，社會才能和諧，國家才能太平，世界才能大同。若子女不孝，則人老無有所養，到處流浪，家庭混亂悲慘，社會失序，國家不平安，世界必會亂。人人為了自己、家庭、社會，國家、世界的好處，必要盡孝。

　　盡孝既是情理上的必要，是一種責任，就要當成自己份內之事，不可推卻，也不要寄望非由他人分擔不可。能有兄弟姊妹分擔固然很好，兄弟姊妹不願或不能分擔時，不必計較或埋怨，本來自己就

有責任。但是負責是承擔，卻不能占有，當兄弟姊妹要分享孝順父母時，應該大家分享，不能獨占，否則不盡人情，也不合道理。

孝順的養成與實行之道

　　孝順如何實行，學問很大，中國儒家有不少經典遺訓，其中《孝經》是一部根本典籍，值得學習效法。史上又有 24 孝行，都是非常之舉，標準很高，常人很難辦到，還是從日常生活中實踐，較為容易可行，也較實際有用。對於一般的父母，使其食能營養衛生，衣能保暖體面，住能舒適安定，行能方便安全，病能就醫，使其不掛心，不憂慮，大致可也。對於需求較高的父母，能給就給，不能給，就要好言相勸。大聲吼叫與埋怨，使父母不悅，是不孝的舉動，即使大致盡責的兒女，也很容易冒犯，人人要特別小心避免才是。

走在鄉間小路上

前言

　　我生長在農村，小時在農村長大，也走過不少鄉間小路，包括田間的田埂小路、水溝邊小路，以及村際間的小路。與我同時代的許多人也都在農村長大，因此也都走過許多鄉間小路，這是一種可貴的經驗與回憶。

　　我於結束在公立大學教職之後，比較有時間回家探望年愈九旬的老父母，也較常回到小時長大的農村，再走小時候常走的鄉間小路。感受很多，或許也值得供給缺少鄉村生活經歷的年輕一代之參考。

鄉間小路的特性與對人生的啟示

　　鄉村小路有許多特性，對人生也有許多啟示，先說說我的感受，也供給其他有心人參考。

路面狹窄不平也難走

　　鄉間小路最大的特性是狹窄不平也難走，走起來並不好受，一不小心會跌入田裡或水溝。走起來也不能快速，不少可供車輛行走的小路，僅能供為牛車行用，較寬較平的道路以往通常也只有腳踏車行駛。

　　鄉間小路的路面狹窄不平難走，與傳統農業耕作性質極有關係。臺灣的農業耕作非常珍惜土地，鄉間的土地多半都用作栽種農作物，留作路人行走的道路用地十分節省。以前小路上的路面不平，因為修路的材料與技術欠缺，也因為農民整地挖出的泥土亂放之故。小路狹窄不平難走，也意味並象徵出身農村的小孩一生道路難行，前途坎坷，出路不佳，必須要能有很大的耐力與決心，才能走向較寬大平坦的康莊大道。

四周都是綠色田野與草木

　　都市大道的兩旁四周常是矗立的高樓大廈，但是田間小路的四周則是遍地綠色的植物與草木。綠色的植物提供充足的氧氣，也帶來豐富果實與農產品的希望。我乃常想近來的政治氣候顯示，在農村地帶的居民對綠色政黨的支持度相對較高，多少代表一種政治人物的巧妙設計，但也多少反應出人文區位的自然規律。

夜間容易出現擋路動物

　　小時行走田間小路時，經常碰見毒蛇及老鼠等動物擋住去路，尤其是在夜間光線不明時，碰見的機會更多，一不小心可能踩死或被咬。此種行走田間小路的經驗，使我感受鄉間人缺乏康莊大道可走，在生活過程中不得不走田間小路時，可能遭遇的障礙實在不小，如要避免不被咬傷或驚嚇，必須要小心，不能粗心，也不能大意。

小路也可通往羅馬

　　羅馬與臺灣的鄉間小路距離遙遠，但從小路接通中道與大道，而後連接火車或汽車，再連接飛機輪船，應也可抵達羅馬。只是通

往的路途相當遙遠，交通時間要花上較多時日，交通費用也不便宜，許多鄉村的人會負擔不起。生長在鄉村的小孩，要能成功成器，常常需要多走許多崎嶇難走的小路，需要花費的交通費用與成本往往比都市的小孩所要花費的多。

　　今日鄉村的年輕人常到遠地受教育，所需支出的費用，猶如要通往羅馬的交通費用。論花費的銀兩與錢幣，都比城市小孩在地就讀開支的費用高。不少鄉村的年輕人因花費不起這種支出而未能接受教育，相當於因為缺乏交通費用而無法抵達羅馬城。但另一些經過千辛萬苦，刻苦耐勞，終於能到達羅馬的鄉間年輕人，卻也顯得特別值得嘉勉、鼓勵與敬佩。

年輕人下鄉去體驗

　　目前許多都市的年輕人缺乏機會，也缺乏需要到鄉間小路行走。但是見於田間小路能給人生不少可貴的意義，有必要鼓勵都市的年輕人多找機會下鄉行走田間小路。

　　近來行政院農委會支持豐年社發行一本《鄉間小路》的雜誌，書中提供許多農業經營及農村生活資料，內容含有許多生動的文章及美麗的照片插圖，值得都市人多去閱讀與欣賞。

　　我於鼓勵讀者多多參閱這份雜誌之外，更希望都市人多找機會下鄉行走小路，體會行走小路的感覺，看看路旁四周景物的心得，以及思考行走小路所代表的更深層人生意義、價值與信仰。

未來的鄉間小路

　　鄉間小路有其價值的一面，值得大家去行走與體會，但小路使人走起來有不便或危險的地方，有必要加以修護與建設，使能減少

一些不必要的毛病與成本，使更多人喜歡前往行走與體驗。考量鄉村小路原來的本色與功能以及其存在的缺陷與問題，我乃提出下列幾樣未來建設與修護的目標與方向。

修護因災害受破壞的道路

臺灣有些鄉間小路上的橋梁與路面很容易受颱風及豪雨等天然災害的破壞，很必要能快速完全修護，使其恢復交通運輸功能。此類鄉村小路以山區最為常見，政府及民間對於此種被破壞鄉村小路的修護應列為建設的重點工作。

美化以吸引遊客到鄉村觀光

近來農村建設與發展的目標朝向觀光旅遊的重要性，不亞於生產的重要。為能吸引遊客前往鄉村旅遊，則美化環境及景觀是很重要的發展與建設的方向，其中美化道路兩旁的景觀是很具體的建設目標。從嘉義往阿里山公路旁邊種植的櫻花，美化道路，頗能與遊客上山賞花的意願與趣味連成一氣，是一種不差的建設理念與作法。其他值得植花種草等以美化鄉村道路景觀的地方應該還有很多。值得推行鄉村旅遊的觀光旅遊及鄉村建設的政府單位與當地民間團體等用心規劃與行動。

開發旅遊專用的鄉間小路

歐美先進國家為能有效推動鄉村旅遊，規劃不少可供開車、騎腳踏車以及步行等旅遊專用的鄉村小道，效果甚佳，值得我們學習與效法。未來臺灣要能直立不搖於世界之上，必須要加強在地化建設與發展，開發旅遊專用的鄉村道路將是一項重要的在地化的建設

途徑。由此途徑可留住人力與人心，甚至可吸引外人前來觀光旅遊。

通往學校的泥濘土路

一條最重要的連外道路

在我就讀小學的時候，許多鄉村地區與我村一樣，都沒有小學可讀，小孩子要上學讀書，都要走路到有學校的鄰近村子。在山區土地較廣闊，人煙較稀少的地區，小孩子要到學校念書，常要在天未亮就提燈步行到校。相比之下，我算幸運的，我的村子位於嘉南平原地帶，距離最近的小學約僅兩公里多，但每天來回還是要走一、兩小時，天冷天熱刮風下雨的時日，走起來很不輕鬆。從我村到學校之路是我村通往外地最重要的道路，村人送小孩就學，要到鎮街上買賣辦事，出外旅遊，都要經過這條路的全程或一段。還好途中經過一條小溪的橋梁自日治時代就建好，相當牢固，未曾有過崩塌問題，因而交通上少受嚴重阻礙，只是下雨天土路泥濘難走，道路兩旁栽種甘蔗時，小孩子單獨路過，會有點害怕從隱蔽的甘蔗園中突然冒出壞人來，使人受到傷害。

石子少泥土多的路面難走

我村通往學校的道路在過去長久的時間都是土路，僅在道路中間鋪上少量碎石，目的是供給少有的行車方便的。人行部分長期被行人壓得堅硬，但雨水太多的日子也會變成泥濘難走，路上的小石頭則常會傷人赤裸裸的雙腳。夏天陽光強，路上的泥沙與碎石變熱，都會燙人雙腳。

象徵求學上進的艱難之路

　　這條通往學校的道路，不短也難走。但想要識字，求學問，求上進的村中小孩，都必須通過這條路，至少要走六年。六年之內除了有時天候不好行路難，也發生過一些令人難忘的事，印象較深刻的就有好幾樣，也都給成長中內心單純的同窗與我等，留下教誨的變數與後果。先就有益的方面看，上學途中有時因為怕遲到，為趕時間，就有人發起慢跑命令，雖然剛吃早餐後就跑步，並不很衛生，但也都沒事，且還有鍛鍊體力的良好效果。有趣的事是，在我們上學途中一位在鎮公所上班的同村叔叔（或伯伯），騎著腳踏車常與我們同行，他要我們幫他推車，他則講故事給我們聽。他的腳踏車沒裝橡膠輪胎，只用一條很粗的麻繩綁在輪框上，難怪遇上下雨天會騎不動。就這樣我們聽了一些有趣故事及他的經歷，他是村中最見過世面的人之一，曾經到過上海，住過一段時間。

　　在上下學的路上我們這些小鬼也做過一些不可告人的壞事，但終會被家長知道，而被責罵。重要的壞事有三件，我也都參加有份，一件是路上會經過一處糖廠運輸甘蔗的車場，有些時段沒人看管，小學生路過，又口渴時，會去偷一節甘蔗邊走邊啃，雖然有時遇到主人或守衛，並不會責怪我們，但畢竟這是不該有的行為。另一是在路旁的一處有兩棵高大的老蓮霧樹，在生產季節樹上常見結滿鮮紅的果實，小孩子路過時，會先準備幾顆小石頭往上丟，打到果實會掉落在地，再去撿來吃。看管的是一位老祖母，見狀會用手中的枴杖擺手勢要追打我們，主人曾將這事告知村中的家長們，我們小孩也都受到家長的庭訊。第三件是我村小孩與鄰村小孩曾有過集體衝突，約好在某日下課回家路上要集體打鬥。這事讓校長知道，要我們兩村的小孩在放學前一起聽訓，經校長教訓之後，衝突就此結束，幸好沒發生悲劇。

學生走出康莊大道

　　我們同校轄區內的村子有十幾個，每一個村通往學校的道路都差不多，都有難行的一面，但都有人走出康莊大道。當時被認為能走出最好前景的學生是先考上附近城市裡的好中學，男生像是台南一中或嘉義中學，女生也以台南女中與嘉義女中為是，能考上的，後來也都能繼續用功，終能走出康莊大道。

道路與昔日路上行人的變化

　　時過一甲子之後的今日，我回鄉再走這條通往母校之路時，發現已經有了變化，路面都鋪上柏油，路上也少見人行走，多半都是汽車與摩托呼嘯而過。

　　目前路旁的甘蔗園不見了，田裡栽種最多的農作物是玉米，也有幾家養雞場及網式栽培蔬菜或花卉的出現。時代變了，國家較富強了，實質建設改善了，農業也變了樣。

個人的告白

　　我人已近生命的尾聲，經過人生路上的碰撞之後，再回到小時常走的鄉間小路時，難免會有些感觸與願望。故鄉的田間小路，我曾經走過，也很熟悉。路是讓我們走的，走過之後能看到多少事物，並喚醒我們多少注意與關懷，事物本身的性質重要，與我心中所思所想更有關係。

　　我出生也成長在窮困的鄉村，能有機會走過鄉間小路，又在治學的路途上有緣主修農業經濟學及鄉村社會學，雖非熱門，但我覺幸運，也應該要比他人更加用心，更加關懷鄉村社會與經濟，希望

常見農業與農村進步與改善。我常自勵，但因非參政之人，未能運
作大政，能做的是將所見所思的事物，行之於筆，當為職責，作為
交代而已。

向我家的小狗告白並為牠辦理後事

告白

　　親愛的 Yuki，這幾天看到你病得很重，身體很虛弱，我心裡難過，忍不得想對你說幾句話，希望使你我心裡都能舒服一點。回想十餘年前，在我無預備情形下，突然你被抱進我們的家，我也就不忍心再讓你走，一直將你飼養並與你相處至今。你我都同步進入老年，你已有十五足歲，我也八十有四。過去的日子你雖然增添我些許忙碌，但給我心裡更多的充實與快樂，所以我很感謝。

　　你的原種有很高成分的約克夏，自小就給你取名 Yuki，往後早晚以此名叫你，都能得到你溫馨愉悅的回應，慢慢的我每日生活中都有你的成分與影子，你也缺少不了我天天給你準備食物與飲水，經常幫你洗澡，早晚帶你下樓大小便，每年春季也定時帶你去醫院打預防針。看你日子過得也健康快樂，只是有時我們出門晚點回家，見你在黑漆漆的屋內孤獨等待，表情有點落寞，但見我們回來又那麼高興，實在很不忍，又很憐愛。

　　因為有你，我才能充分體會飼養寵物的心得，增添我的視野與思想，因而在一本《休閒遊憩概論》的教科書中能寫出一章〈飼養寵物的休閒與娛樂〉，在一本《每日生活社會學》的書中也忘不了記下一節〈對小狗寵物的照護工作與生活〉，並且在一本《臺灣多元社會學想像力》書中，也開闢專章〈為我家的小狗立傳〉。我能寫出這些文字，感謝都因有你，才能培養與成長我這些心智。

　　你今日會生病，也許是免不了的生命原理，生老病死都是你我

都難免的過程，但也許是我的疏忽與不周。人們常說病從口入，禍從口出，你的一生並未因為口出不遜之言而惹禍，卻不無因嘴饞而種下病因，這要怪我疏忽造成，讓我心中無比沉重與難過，不論你怨不怨我，我都會自責。本來我都遵照醫生的囑咐只給你吃配方飼料，後來你吃膩了，看到我們吃飯時常到腳邊，期待給你另類的食物，不給又讓你失望，實在不忍心時，就給過你一些，可能傷害到你小小的腎臟，才會有這場大病。若知道後果會如此，應該不給你吃這些食物，但這一生你也就沒機會嚐到一些世間的美味，也可能會很遺憾，這實在有點兩難，由你自己選擇，可能也是。但無論如何，身為管理與可控制你食物的主人，我都要負全責，也只好請你原諒了。希望我們有機會還能重新開始，彼此都更愛護自己的身體，從克制一些自己的口欲做起。

昨日你的人類姐姐，也是我女兒，有一位通靈友人傳來你想向我說的話，你了解我不常買好東西給你吃的用意，因此並不怨我，了解我待你很好，從我對你說話可知，也表示你擔心不在時，沒人能多陪伴我，並希望你的人類姐姐能多花點心，這些話句句感動我。我確信這位能通靈的友人所說，你是要來報恩的，若你真會先走，我能親身領受的日子可能就不多，但會永久難忘，也只好期待後生還能再相遇了。

回顧過去十餘年，我們在生活上的互動樂趣不少，你最讓我感動與欣慰的是每當我早上起來坐在書桌前書寫或打電腦時，你都會從客廳的睡窩中爬起來，走到我身邊陪伴我。我也常帶你到附近的大安公園及臺大校園散步，看你小小的步伐為了跟上我，都要走得很快，從不落後。有時夏天的下午，路上柏油路很燙，你走不下去，我只好抱著你。多次回南部鄉下的家，雖然只過一、兩晚，但怕你孤單及吃喝拉等不能自理，只好帶著你一起回去，多次陪我走過田間小路，你我都很快樂。有時你吃食物一定要我拿在手裡才要吃，

雖然有點麻煩，但更覺得你親近與可愛。清點所有你我之間互動的樂趣，太多了，這是沒養過寵物的人所無法感受的，也是我未遇到你時所沒有的感覺，這種快樂使我永遠難忘，相信你也能感受到。真高興我們有這樣的緣分，我將會銘記在心，永遠陪伴著我，共享這份幸福。

辦理後事

最不想見的一天真的到來

　　在我家小狗 Yuki 生病的日子，先送牠到附近的一家獸醫醫院住院治療，我可每天去探病，這時候醫師給的治療方法是灌藥打點滴，過幾天檢驗身上腎臟病毒指數稍有降低，但病情並無太大起色。我看住院地方的環境有點擁擠，光線也不太明亮，我去探病時，牠並未能像健康時那樣高興愉快，實在有點不忍，心想不如帶牠回家由自己照料，也可讓牠睡好在平時最喜歡的窩。經醫生教我用藥及注射的方法，就讓牠最後在最喜歡的窩中睡，兩、三天後的午後時間安息了，過了氣後全身冒出冷汗，禮儀師後來告訴我這表示心臟停止跳動。啊，這一天真是最不想見到的一天。

幸好有專業的服務

　　也許 Yuki 平時樂觀善良，病倒受折磨時間並沒很長，但看牠活動異樣，並經獸醫師指點要有心理準備，我就開始與女兒商量如何為牠辦理後事的問題，牠若有知應該不會怪罪我是多事，提早給牠觸霉頭。因為醫師已有指示，先有準備也可避免臨時手忙腳亂。幸好這時代樣樣事情都有專業性的服務，尋找寵物喪葬的訊息並不困

難，從網頁可得知幾處安樂園與多種服務。我們選擇認為最合適的一處，並作單獨焚化及使用樹葬的方式，牠應可同意與接受。這事是在事先就商量好，安息時請安樂園方的人先來帶走遺體，約好兩日後我們上山親自為牠安葬骨灰。辦理這個告別儀式，除了傷感也有白髮人送黑髮者的感慨，雖然按照犬族的年齡標準看，我家 Yuki 的年齡也算高壽，但實際在世間的日子比我少很多。人類白髮者送黑髮者都很無奈與不幸，我也不無替黑髮者叫屈，但反過來如果是他比我後走，則他的更晚年可能會有乏人細心照料的悲慘，也不好受。

全家人在陽光的下午到了牠長住的安樂園

安葬的那天陽光普照，因為是初冬之時，太陽很溫暖，並不很熱。我們按址找到位於新北市金山郊外山上的安樂園，環境相當優美，四周水土保持做得很好，園內種了不少櫻花樹，草坪整理的也很整齊美觀，看來園方作的宣傳廣告並不虛假。金山附近的山上已被人類選擇作為最佳的長眠安身之地，無數庶民與名人身後都被安葬或將骨灰置放於這附近的寶地，寵物的安樂園選擇在此地也很恰當。不僅可與許多同類接近相聚，也可與最喜愛牠們的人類相隨。在另一世界隨時會有較多機會選擇或被選適當的主人，或與牠們的舊主人重敘良緣。

我們選擇為牠樹葬

安樂園為寵物安葬的方式有三種，第一種是將骨灰隨便亂撒，第二種是將骨灰埋葬在一棵櫻花樹下，每年園方會為葬在一起的所有生靈作一次團體性的祭典。第三種是可以有私自的特殊葬身之地，但實際地盤也很狹小，每年主人要親自來祭典一次，這類埋葬

的費用最高。我考量日後自己也會過世，未能保證每年都能來看望與祭拜，乃選擇第二類樹葬的方式，由自己動手，親自將骨灰埋入地下。樹葬之禮近來也漸流行於人類，但到目前，也只有自己很看得開的人會囑咐家屬作此處理。其實埋葬方式如何都是次要，活人對死者重要的情意是在思念上。深情厚意的思念遠勝於表面的修築廣大墓園，不少人為祖宗修築墓園的用意，都為了自己升官發財，而非追思祖先的恩澤與照護。

願我家寵物在另一世界找到友好的同伴

安葬那天的同時段出現的寵物主人還有兩、三家，他們的寵物應該是與我們家的最有緣，約在同一時間回歸大地到另一世界，可惜我未能先認識牠們，不然一定會事先請牠們多多關照我家小犬。其實牠性情善良，不與人爭，讓我很放心。牠又很能善體別人意，與牠認識久的同類一定都會很喜歡牠。所以我也可相信牠在樂園之地，一定可以獲得許多疼愛牠的友誼，也可能認識有緣的異性朋友，這會更令我高興，可以彌補生前我們對牠管教太嚴，將牠孤立在家，未能有認識結交異性朋友的機會。但還是希望牠能小心，認識了異性朋友，若要進入較親密感情的關係，有時還是會有危險，危險可能來自對方，也可能來自周邊的夥伴與環境，自己要能小心謹慎摸索與體會，不使自己受到傷害為好。

除了結交朋友要小心，也要注意預防可能會受傷害的惡棍。人類世界有善人與惡人，動物世界也一定會有善類與惡徒。我家 Yuki 在生前被我帶出去散步時，有時就會遇到很凶的惡狗。人與狗遭遇到惡煞攻擊時，有時會為維護自己的尊嚴而憤怒與抵抗，但好漢不吃眼前虧，留得青山在，不怕沒柴燒，為了爭一口之氣，傷了自己或損害性命，也很划不來。希望我家 Yuki 要能好自為之，看情勢而

應變。

牠永遠存活在我們心中

我們親愛的 Yuki 雖然走了，但長久存活在我們一家人的心中，我們永遠懷念牠。因為與牠舊情割捨困難，我們也決定不再飼養新的愛犬了。許多人都有衣不如新，人不如故的情懷，對於有情份的寵物與對人的感受並沒兩樣。何況我個人對舊衣也有新不如故的偏好，因為舊衣與我身相隨許多的歲月，歲月越多衣物上的記號與記憶也越多，不是新衣所能取代的。

過去我雖然也飼養過兩隻狗，但我對 Yuki 的情特別深厚，一來因為相處時日較久，二來我自己的情感也比以前成熟。我養過的第一隻是在我國小的時候，舅舅送給我的，當時實在不太知道與寵物的相處之道，某天牠吃飯時，我摸牠的尾巴，回頭咬傷我的手臂，後來一位鄰居叔叔很想要，求我送他，我就送了。另一次是在我結婚生子之後，又養了一隻小型犬，幫忙看家，後來我出國進修，那時家屬都未能隨行，與妻子留在臺灣才滿周歲的幼兒走近家犬時，臉上被咬了一口，血流滿面，送急診縫了數針。可見也不是所有的狗都很溫順和善的，但是 Yuki 從來就沒有與我們回過嘴動過粗，這也讓我特別懷念不忘牠。

公園裡的兩隻鵝和其他

網路上盛傳的兩隻鵝

近來在網路上頻傳兩隻鵝，牠們長住並活動於臺北市大安森林公園內的生態池中與周邊，在午後近黃昏公園裡散步的人多的時間，牠們身邊常圍繞許多人，逗牠們玩並與他們一起照相。網路中也盛傳一段這兩隻鵝會聽口琴的錄影，非常生動感人，傳送影片的人還註明鵝聽到音樂，很入神，聽完還會叫一聲，表示舒暢與感激吹奏的人。大安公園可能是全臺灣造訪與使用人口最多的一個，常去的市民感到很幸運，建造的黃大洲老市長，我的老學長，也是一起教書時的老同事，感到很得意，長住園內的兩隻有人緣的鵝也很幸福。這兩隻鵝被命名為奇奇與凡凡，我不知牠們是兄弟或姊妹，但要辨認應該不難。

鵝是人類家禽的定位

鵝原本被定位為家禽之一，過去農業為主流產業的時代，幾乎每戶農家都養鵝，數量並不很多，因為鵝的食量不小，養多了要準備很多飼料，很不容易。飼養幾隻鵝，主要目的是供作過年過節宰殺祭拜神明與祖先以及打牙祭用，如今鵝肉常被餐廳當成重要的招牌菜，因為肉質鮮美，也富有營養價值，世界糧農組織曾公布鵝肉是富有營養價值肉品的第一名，市場價格高出雞肉的價格許多。

　　原本是家禽的鵝，長住在公園裡就變成了人類的寵物，價值改變了，地位也提高了，人類喜愛牠們，對牠們呵護有加。目前由公園裡的管理人員飼養牠們健康營養食物，颱風來襲時也會將牠們帶到室內避難。公園內也很常見有松鼠與鳥類，被當成自然生態的一部分，由牠們自生自滅。但這兩隻鵝卻備受保護，一來數量少，住處較固定，二來與人類也較接近，野生不是牠們的本性，如果人類未給食物與保護，就不合人道。

公園鵝去留之爭

　　打開網路紀錄，這兩隻鵝寶寶最初在 2020 年 3 月間出現在大安公園內，究竟如何到來，卻未見記載，但肯定不是市政府買來放的，否則剛出現時就不會有去留之爭。當時主張不宜留住市民的理由是非原生種，是由人豢養後放生的，擔心放任放生的後繼者更多，也擔心破壞公園的自然生態，以及鵝會攻擊人。因有這些擔心，臺北市公園路燈工程管理處曾一度將鵝帶走，卻引起附近居民抗議，保鵝派居民的理由是因為鵝寶寶可愛，留住公園內無礙生態景觀，可增加人氣，吸引更多人前來觀賞。後來公園管理處與居民達成協議，准許鵝繼續留住，但管理處保留安置權，不開放民間餵食，由園方餵食並觀察其健康狀況。

眼見人玩鵝教鵝也玩其他禽類

　　從公園內見到人與鵝的互動相當良好，鵝像是人的寵物與朋友，人愛牠們，喜歡與鵝玩，圍觀牠們，陪牠們走路，與牠們照相，還教牠們聽音樂，拍翅膀。鵝對人也不陌生，更不會害怕。一些少

與人接觸的鵝，確實會攻擊人，會用嘴巴咬人，但公園裡的這兩隻不會，相當溫順善良，陪人玩耍，給人帶來許多溫馨與樂趣。

　　人類教動物聽話，配合人要求的情形相當常見，就以禽類而言，最常見人教鳥類學人語，發出類似人類講話及唱歌的聲音，尤其以鸚鵡學得最像。鸚鵡也會聽主人的命令，玩許多把戲，像是推小車，轉輪子，狀甚可愛。相命的人還教會小鳥當他的助手，幫忙抽選靈籤，讓牠賺錢餬口。鴿子也是人類最愛養的禽類之一，主要目的是參加比賽，包括遠程的飛翔比賽，及近程的背等比賽，前者可替主人贏得巨額獎金，後者可逗主人歡心與快樂。鳥園裡多種類的鳥，供為人觀賞牠們的美姿及羽毛，也教育人類各種鳥類的生理與生態知識。過去不少閒來無事的富家阿舍，手中常持著一個小鳥籠，內有小鳥，在大馬路或小巷內遊蕩也顯耀，成為社會上很特殊的有閒與富有階級，令人羨慕，有時也厭惡。

如人怕出名也如豬怕肥

　　走紅的兩隻鵝有如出名的人與肥胖的豬，太耀眼了，就不無危險。危險的是被搶、被偷、被殺、被害。這也許有點危言聳聽，但人間許多危險事件的發生都因為人太出名，太耀眼，也就變成太招搖而招來禍害的。富人容易招來綁票勒索，明星容易招來指指點點，政治名人容易招來狗仔隊跟蹤。豬變肥胖了，死期就近，無一能逃避被宰的定數。但願公園裡的這兩隻鵝，能有人類時時護衛牠們，政府的專責機關也可照顧好牠們，不至於發生像人類與豬的危險事。但鵝肉味美又營養，也使牠們置身在危險之境。

　　在鄉間偷鵝的賊較少，偷雞摸狗的賊卻常有聽聞，不是因為鵝比雞與狗不值錢，而是因為鵝的數量較少，警覺性比雞高，人要接

近時，反應很強烈，人要動手時常會有叫聲或反擊，賊要偷鵝，就難下手。狗的警覺性比雞及鵝都高，在夜間一見黑影就會吠不停，小偷常丟毒肉毒死狗後，才下手偷竊，希望大安公園裡的這兩隻鵝都可以永在。事實上這兩隻鵝都很人性化，對人並無防禦意識，我們真心期望臺北市內沒有賊偷牠們才好。

公園裡水域中的其他動物

　　世界各地著名的公園幾乎都會有設置水池或湖泊的區域，主要目的是保持生態多樣性。水池中也必有一些原生的動植物，也不無被放進外來種，但也都能適應環境。水池中有鵝，算也自然，鵝適應水性，天生就可游水，雞就不行。鵝毛沾水不會濕，可製衣物，鵝的本質可適應水性。大安以外的公園水池中有鵝也很常見，世界著名觀光勝地夏威夷海邊的公園內就有一群粉紅色的長頸鵝，常在池中戲水，很受觀光客的欣賞。

　　公園內水池裡最常見的動物就是魚了，在日本式小巧玲瓏公園內，小水池中普遍都有五顏六色的金魚。人對金魚多半只是愛看，不會想吃，也許因為顏色太美，吃下牠們會有罪惡感。公園裡的大水池內常見的動物還有烏龜，大安公園生態池內的烏龜數量也有不少，在黃昏時，池中的烏龜常會爬到岸邊，露出小頭看人，也被人看，享受人與龜心靈相通的意味與樂趣。人愛烏龜，因為龜的壽命很長，有人愛牠們，還當寵物飼養。不少人特地買烏龜放生，希望自己能與烏龜同樣延年益壽。美國紐約郊外紐澤西境內有一處很大的公園，大水池內常有人放生烏龜，造成池內烏龜密度太高的險境，遲早會有死亡之危，因而也必會受到政府禁止再放的命令。我在印尼看到一座古廟前的水池裡養一隻大烏龜，據說年紀已近百年了。

廟裡放烏龜的意義又是如何呢？據說是讓信徒祈福的。

園內的動植物與人

公園是自然生態與人為休憩活動結合的地方，內有三種重要生物，植物、動物、人類，這三類生物都有一些重要特色，略為觀察如下。

植物

一般的公園都會栽種許多植物，包括樹木、花卉與草坪，其中也有只種植草坪為主，缺少樹木的，臺北市的河濱公園便是。大安公園的樹木特別多，號稱森林公園。但幾乎所有樹木都非果樹類，只有三、四棵年數不小的蓮霧樹，在生產季節會結果並掉落地上，這幾棵蓮霧樹也留下以前園區內曾經有幾個新村聚落的紀錄。公園內不種或少種果樹的原因有兩項，一項是避免有人爬到樹上摘果實，發生危險；另一項是避免果實落地，造成地面髒亂。公園內的花卉有兩種，一種是長期性的，另一種是短期性的。大安公園內長期性的花，除了開在高大樹上的，以灌木杜鵑花最為美麗，也最適當，很適合臺北的水土。短期性的草花也種了不少，常要花費人力與金錢更換，不太合算。

動物

世界上有一種專放動物的公園是動物園，動物園內動物的種類求多也求奇，但是大安公園內動物除那兩隻鵝、水池裡的烏龜與魚類，以及不久前培育的螢火蟲，其餘都是自然產生的。最多的動物

是鳥類，都是自動飛來的，經常有多種顏色美麗的小鳥停留樹上，也常有成群的白鷺棲身在水池中間的樹林間，吸引不少賞鳥隊友背負大型的望遠鏡與照相機於大清早或黃昏時在園內賞鳥照相。

人物

　　世界上多數的公園人人都可進入慢步或玩耍，但也有少數公園禁止某些特定的人進入的，滿清末年上海等大都市的外國人租借地公園就不准狗與華人入內，這對華人是很大的侮辱。臺灣的公園包括大安公園在內人人都可自由出入，但是不許腳踏車在園內行駛，違者受罰三百元，為的是顧及所有行人的安全。經常會到大安公園散步的人以附近的居民最多，但也不無自遠地慕名而來的。在大安公園內散步運動的人當中偶會有常在電視上出現的名人，遇見的人都會多看他們幾眼，這些人包括政治人物與藝人。高階的政治人出入園區多半都有至少一人伴隨，一來作伴，二來保護安全。公園內比較奇特的人是一些外國藝人，也愛在這裡玩弄樂器，尤其是在週末時間，一般並不很叫座，是否其中曾有名家來過？不知，這讓我想起一位世界著名的年輕小提琴手，在音樂廳欣賞他演奏要花很高的門票費，但當他測試在人來人往的車站前演奏時，沒幾個人會停下來聽他的。公園能會集最多人的時間是在夏秋季節週末夜晚的音樂會，我們曾經在電視影片中看到世界著名的波士頓交響樂團在露天的公園內舉行演奏會，本地市營或國營交響樂團偶而也會在大安公園內演奏，但不很頻繁。國人對於當代名藝人開演唱會，常要擠破頭搶購高價門票，但很少看到對於古典交響樂也同樣瘋狂熱愛。古典的音樂藝術文學與其他，不如當代流行歌唱藝人值錢並受歡迎，該做何解釋？曲高和寡嗎？喜新怨舊？或是其他原因？

　　公園內最不好形象的人是無業遊民，會讓平常人有一點害怕，

我見過在加拿大蒙特律一處觀光區公園內遊民很多，行人都不太敢接近，這情形大安公園內少見，幾乎沒有。我們國家對待乞丐遊民曾經使用過取締的方法，後來自動消失了，今日只偶而在菜市場會看到殘障人士趴在地上端碗行乞，狀甚可憐，也令人難過。

但願鵝與人同樂並常存

我在本文由探討大安公園內兩隻走紅的鵝開始，後談及園區內的其他。看來到過公園的人對這兩隻鵝都喜愛有加，但願牠們能與喜愛的人常存同樂，增加公園的美景，也增加人與鵝的共同幸福。

校園間諜與學生運動

校園間諜速寫

背景

　　臺灣自 1948 年 12 月 10 日到 1987 年 7 月 14 日長達約 40 年實施戒嚴，這期間執政的國民黨政府以維護國家安全為由，實施高壓統治，藉由公權力迫害持不同政治意見者，塑造對自己有利的政治情勢，許多異議人士受到迫害，經過軍事審判的受害者就共有 16,132 人，臺灣社會也經歷二二八事件等大小政治慘劇，全部政治受難者為數更多，這段時間臺灣社會陷入白色恐怖。白色恐怖這一名詞起於歐洲自 13 世紀以後的波旁王朝，到 1830 年代法國大革命時，以白色為代表的政府軍對抗革命軍。臺灣實施戒嚴期間政府以高壓手段對抗不滿分子，也被稱為白色恐怖，校園間諜是白色恐怖政治背景下的產物。

定義

　　校園間諜也稱職業學生，是白色恐怖政治的產物，執政的政府在校園裡佈滿監視師生思想、言論與行為的職業或間諜老師與學生，防止發生叛逆政府的言行，尤其以高中大專與國外留學生所在的校園為佈置重點，由一些效忠國民黨的人監視其他的人，這些監視他人的人也被稱為校園間諜，俗稱「抓耙仔」。他們多半是國民黨員，從黨方面領有津貼，要將他們認為可疑的人報告上級，被報

上者都會存有檔案紀錄，這些檔案紀錄也為後來政黨輪替後，實施轉型正義，開放檔案，解除禁令的由來。

後果

　　校園間諜或職業學生制度的後果可從多方面觀察，較重要的可分成對黨國、對受監視的學生或老師、對間諜或職業學生本人、對整個社會的氛圍等四大面，都會有很深刻的影響或後果。對國民黨及其治理國家最大的用意與後果是可防止校園內的所謂異議分子或不滿分子不敢輕舉妄動，助其統治人民的穩固與安定，但這也常成為一種暫時性的假象。對受監視與控制的學生，其實也包括老師，都要隨時戰戰競競，會有恐懼與憂慮感，被釘上了找事工作困難，甚至生命安全都會有危險，可能因而也會加深對獨裁黨國的不滿。最具代表性喪失工作機會的實例是臺大哲學系事件的那些人，喪失生命的實例則有留美學人陳文成在臺大校園墜樓死亡事件。對職業學生或校園間諜方面，表示其對黨國效忠，工作期間領有津貼，對生活與求學不無幫助，畢業後找事也可能得到黨國較好的安排與照顧，但因其行動秘密，會暗中害人，也為許多人所不齒。對整個社會的氛圍的影響，表面上看來是較能安定，但暗地裡卻造成國民之間的不和諧與對立，一邊靠攏黨國，另一邊被逼上靠攏黨外，也有人正式加入臺獨運動，企圖打倒或推翻國民黨的黨國體制勢力。在這些糾纏複雜的政治環境中，多半的人立場是分明的，但也有部分人的立場相當陰暗不明，其中有因特殊角色的需要，也有的是因為自己的心態與個性優柔寡斷或模稜兩可造成。

美歐學生運動簡述

學生常是國民當中一群血氣較為方剛，較有正義感的青少年，不少人也熱愛政治，對認為不當政治的反抗也會較為激烈，常會加入學運。

過去的實況

學生運動在民主國家相對盛行，過去在美國、歐洲與日本等民主國家就常見有學生組成團體遊行示威，表示對政府處理某些事物的看法不能同意，甚至不滿。在美國學生運動最激烈的表示要算 1968 年的反越戰運動，由學生帶頭，民眾也起而響應，展開一系列的反軍事官僚菁英所實施的政治壓迫。後來也引發黑人的革命運動與罷工行為。這些運動也波及歐洲的法、德、義及中歐與東歐的一些國家，中南美洲也未能避免。

原因

1960 年代末的歐美學生運動最初的起因是美國青年學生不滿軍事政治菁英決定介入越戰，雖然戰場開在離開美國很遠的亞洲越南，但美國士兵傷亡人數不少。美國人也確認投入戰爭的經費為數可觀，實在很不喜歡再繼續看下去。學生的示威運動主要是舉牌遊行與抗議，也有人採取靜坐抗議者。我在 1968 年秋到美國明尼蘇達大學進修，曾看到學生反越戰的示威，並藉機對當地政府核准一家麥當勞速食餐廳將進駐學校附近，表示反對，夜間集體住進即將拆建成麥當勞分店的舊屋內，在屋外豎立各樣旗幟，表明各種反抗理由與期望，將庭院空間塑造成人民的公園。一位教我們社會心理學的教授因為應學生要求，准許學生在白天上課的時間去參加遊行，

改在晚上上課，被校方警告，令人印象深刻。

鄰近日本國學生運動概述

戰後日本遠離軍國主義，政治實施民主化，學生運動也興盛發展。參加學運的學生多半都隸屬組織，但也有少數無組織歸屬的無黨派激進主義者。主要的運動訴求是反對戰爭、反對高學費、反對歧視、要求學生自治等。最有名的學生運動是發生在 1968 年末至 1969 年初由東京大學學生發起響應美歐學生的反戰運動，約有半數以上的東大學生都參加，也擴及到全國性的學運。

臺灣學生運動記事

臺灣在日據時代與戰後短時間曾有學生運動，但自 1948 年 12 月 10 日實施戒嚴以後約四十年時間不允許學生運動，違者無疑可能要坐牢，但還是發生幾次重要學運，包括黨國對學運人士的整肅。自 1987 年中解嚴以後，政治較為民主化，社會風氣較開放，學生運動也不斷發生。將自日據時代到國民政府治理臺灣長達數十年時間分成數項不同階段重要學運的始末概要及其影響述說如下：

重要學運事件

1、日據時代的學運事件

日據時代臺灣學生留學以日本為最主要國家，留日學生受世界政治獨立風潮的影響，開創臺灣民族運動的先驅。蔣渭水於 1921 年 10 月設立臺灣文化協會，主要目的在抵抗日本殖民統治，影響在

1922 年以後先後發生兩次臺北師範學校騷亂事件，都因臺灣學生不滿日本警察及日本學生對待臺灣學生不公平的抗議。1928 年發生臺中師範學校騷亂事件，因為校方禁止臺灣學生說臺灣話，並對違規學生責罰與毆打，引起臺灣學生抗議。

2、戰後國民黨治臺初期的學運

1945 年戰爭結束，臺灣歸屬國民政府治理，在 1947 年 2 月 28 日發生不幸的二二八事件，許多大學生及中學生被抓，全部死傷上萬人。

3、戒嚴後的重要學運

國民政府於 1948 年 12 月 10 日宣布戒嚴，嚴控學生思想與行為，違者嚴格處治，但是還是發生過一些學生運動，在 1949 年 4 月 6 日發生四六事件，原因是臺北師範學院學生不滿警察取締學生用腳踏車載人。師院學生串聯臺灣大學學生抗議，軍警包圍兩校，逮捕學生運動領袖。

1970 年先由留美學生發起保護釣魚臺運動，後轉進國內的學生響應，目的在反對美日私相授受，將釣魚臺所有權歸屬日本，參與這運動的學生多半都是親政府的。

1972 年 12 月到 1975 年 6 月發生臺大哲學系事件，由國民黨黨工以反共之名展開對臺大哲學系自由派學者一連串整肅行動，解聘教職員共 13 人，致使該系停止招生一年。

1981 年 5 月發生李文忠事件。臺大政治系學生李文忠發起學生代聯會主席普選，遭學校退學。

4、解嚴後的學運

臺灣自 1987 年 7 月 14 日解除戒嚴令，以後學生運動如雨後春筍，重要者有兩項，一項是發生於 1990 年 3 月 16 日至 22 日的野百

合學運或稱臺北學運，由各地學生集結在臺北中正紀念堂前靜坐抗議，主張解散國民大會、廢除憲法臨時條款、召開國是會議、以及要求政經改革時間表，這是政府遷臺後最大規模的學運。此事獲得李登輝總統善意的回應而落幕。

　　2014 年 3 月 18 日至 4 月 10 日臺灣再發生太陽花學生運動，又稱 318 學運，起於青年學生反對立法院未經逐條審查通過兩岸服務貿易協議，擔心損傷臺灣經濟，學生占領立法院議場，長達 585 個小時，後也占領行政院，引發警民衝突，最後由立法院長王金平承諾《兩岸協議監督條例草案》完成立法前不召集兩岸協議相關黨團會議而告落幕。此次學運許多人受傷，共有 17 人被判有罪。

學運的影響與後果

　　學生運動有不良後果，也有正面的價值。不良的後果難免造成社會動亂不安，影響不少人的正常作息，更會給人民對政府有不良的形象。愛好參加學運的學生也會給人有麻煩製造者的印象，多少要提防他。但膽敢參與學運的學生多半都較有正義感，敢與強勢的政府權威作對，對於促進政治改革與社會變遷都會有正面的貢獻。不少這類學生後來也都較有可能變為政治人物或社會領袖，前途不差。但在較集權的國家很可能會遭遇牢獄之災或喪失性命。

我對一項有關本文題目的實際觀察與感悟

　　我有一位學生曾經多次參與學生運動，在他畢業後將參選市長連任之前，媒體上出現他被指責在學生時代曾經是職業學生，令我難以相信，大惑不解，內心納悶，乃寫一短文，表達我對他認識的真實面，投稿媒體《自由時報》，經其刊載。將投稿短文放在本文

附錄，也當為我對本文主題的相關觀察與感悟，觀察與感悟到此事的發生多半是因為政治競爭而起。

附錄：令我納悶的政治傳言

　　近聞臺南市長黃偉哲被指在大學時代曾是國民黨的職業學生，這一傳言讓我難以相信，大惑不解，內心納悶，不得不說幾句我對他認識的真實話。偉哲在大學時代就讀臺灣大學農業推廣學系，當時我擔任該系系主任，看他熱心政治，常常參與學生運動，多次在校內顯眼的地方參加團體抗爭活動，目的都在對國民黨的某些治理不滿意表示抗議。有一次他參加傅鐘前的靜坐示威時，負責管理學生思想及行為的系教官很緊張，要我將他帶離開，我到現場觀看學生都很安靜坐在地上，實在不便將他拖走。

　　偉哲畢業後申請美國耶魯大學就讀公共衛生碩士，學成回國後不久再申請到哈佛大學深造國際政治，兩次都找我寫推薦信，我除了說明他讀書認真，為人誠懇，也都特別提到他熱心政治，且為人義氣，公正客觀，政治立場朝向反對執政黨。他出國兩次都在很短時間內完成學位，我替他高興。回國後參加立法委員競選，問政成績優異，後來參選臺南市長成功，任內對臺南市政的治理成績不差，我回鄉聽到鄉親讚譽有加。

　　我一向未加入任何政黨，不喜歡捲入政治漩渦，也不愛公開評論政治人物，但因不忍心偉哲被歪曲認定，謹就我對他在學生時代的認識，及對他從政以後認真為國家做事，為人民服務的觀察，寫此短文，表示關切，供為鄉親與同胞也能客觀關心他，並更深刻了解他。

國家圖書館出版品預行編目（CIP）資料

臺灣社會的觀察與人生感悟 /蔡宏進 著. -- 初
版. -- 新竹縣竹北市：方集出版社股份有限
公司, 2023.09
面； 公分

ISBN 978-986-471-429-2 (平裝)

1.CST: 臺灣社會 2.CST: 社會問題 3.CST: 人
生哲學
540.933   112012377

臺灣社會的觀察與人生感悟

蔡宏進 著

發 行 人：賴洋助
出 版 者：方集出版社股份有限公司
聯絡地址：100 臺北市中正區重慶南路二段 51 號 5 樓
公司地址：新竹縣竹北市台元一街 8 號 5 樓之 7
電　　話：(02) 2351-1607　　傳　真：(02) 2351-1549
網　　址：www.eculture.com.tw
E-mail：service@eculture.com.tw
主　　編：李欣芳
責任編輯：陳亭瑜
行銷業務：林宜葶
出版年月：2023 年 09 月 初版
定　　價：新臺幣 400 元

ISBN：978-986-471-429-2 (平裝)

總經銷：聯合發行股份有限公司
地　　址：231 新北市新店區寶橋路 235 巷 6 弄 6 號 4F
電　　話：(02)2917-8022　　　傳　真：(02)2915-6275